CHRISTOPH
MERKER

EIN
MANN
—
EIN
WERK

CHRISTOPH MERKER

EIN MANN

—

EIN WERK

Kleine Philosophie des Selbermachens

LUDWiG

Cradle to Cradle Certified® ist eine eingetragene Marke
des Cradle to Cradle Products Innovation Institute.

Penguin Random House Verlagsgruppe FSC® N001967

Originalausgabe 11/2022

Copyright © 2022 by Ludwig Verlag, München,
in der Penguin Random House Verlagsgruppe GmbH,
Neumarkter Straße 28, 81673 München
Redaktion: Kerstin Lücker
Umschlaggestaltung: und -illustration: DAS ILLUSTRAT, München,
unter Verwendung von Motiven
von Party people studio/Shutterstock (vorne, hinten)
Josef Hanus/Shutterstock (hinten)
Nataliia K/Shutterstock (hinten)
Kay Blaschke (hinten)
Illustrationen Innenteil: DAS ILLUSTRAT, München,
Fotografien auf S. 175, S. 176: Kay Blaschke
Satz: Leingärtner, Nabburg
Druck und Bindung: GGP Media GmbH, Pößneck
Printed in Germany
ISBN: 978-3-453-28157-8

www.Ludwig-Verlag.de

INHALTSVERZEICHNIS

für Gernot

VORWORT

Hören wir das Wort *Handwerker*, haben wir ein bestimmtes Bild vor Augen. Klassisch den Schreiner, den Elektriker, den Fliesenleger oder den Zimmermann. In Letzterem steckt sogar der Mann, der handwerklich tätig wird. Doch ich glaube, dass Handwerk so viel mehr bedeutet. Darum werde ich in diesem Buch vom Hand-Werker und von der Hand-Werkerin sprechen. Es ist eine sprachliche Krücke, um deutlich zu machen, dass Hand-Werk uns alle angeht und mehr ist als das, woran wir im ersten Augenblick dabei denken. Vieles, was wir mit unseren Händen machen, ist Hand-Werk, jenseits der üblichen Handwerksberufe. Um uns das bewusst zu machen, habe ich diese Schreibweise gewählt.

Das Buch widme ich allen, die Freude am Machen mit ihren Händen haben, und besonders meinem Vater, der sein Leben lang ein Fürsprecher des Hand-Werks war.

Königssee, den 13. April 2022
Christoph Merker

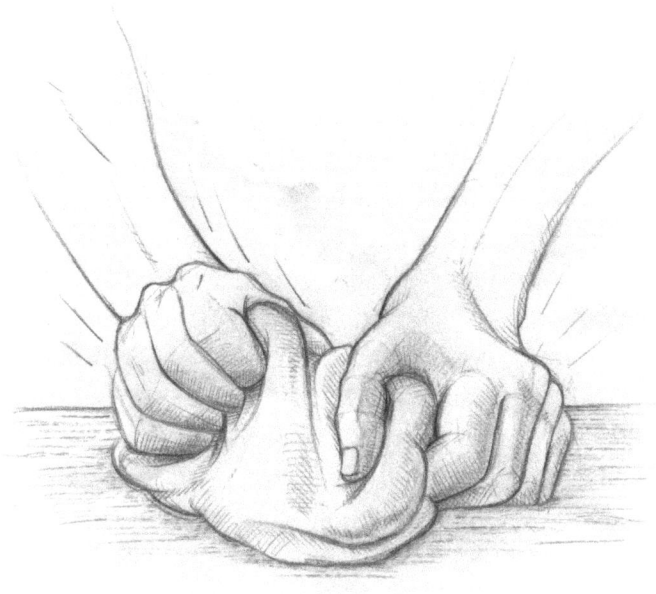

EIN GLÜCKLICHES HÄNDCHEN

Eine ganze Viertelstunde muss man den Teig kneten. Erst
fühlt er sich trocken an, doch je länger ich ihn mit den Händen bearbeite, umso klebriger wird er. Er pappt an den Händen und auf dem Küchenbrett. Das ist ein wenig nervig, und
sollte jetzt das Telefon läuten, habe ich keine Chance, den
Anruf entgegenzunehmen, ohne auf dem Hörer Teigspuren
zu hinterlassen. Ich bin in die entscheidende Phase beim

Brotbacken gekommen. Bis jetzt hat alles Spaß gemacht – das duftende Mehl, das ich mit etwas handwarmem Wasser, Hefe, Salz und einer Prise Zucker vermischt habe, war eine schöne Vorarbeit. Das Kneten macht die ersten drei Minuten noch Spaß, dann wird es richtig anstrengend. Der klebrige Teig entwickelt ein störrisches Eigenleben, mit dem Messer muss ich immer öfter ganze Teigbatzen vom Brett kratzen. Durchhalten ist gefragt.

Das Durchhaltevermögen kommt bei Handarbeit fast zwangsweise ins Spiel. Denn mit den Händen zu arbeiten dauert lange und ist durchaus mühsam. So wie beim Teigkneten. Die Unterarme fangen das Ziehen an, außer man ist Sportkletterer, der genau diese Muskeln trainiert, wenn er an drei Fingern in der Wand hängt. Alle Übrigen sollten es als eine kleine Trainingseinheit ansehen, ganz kostenlos und ohne Fitnessgeräte. Zugegeben, die sehnsüchtigen Blicke auf die Wanduhr nehmen zu, aber das Ergebnis des Knetens fühlt man bald zwischen den Fingern. Die Handwärme hat die Hefe zum Leben erweckt, und man spürt, dass sie zu arbeiten anfängt. Immer geschmeidiger wird der Teig, und er klebt nun nicht mehr an den Händen, sondern sammelt sich ganz von selbst zusammen. Das ist faszinierend zu erleben, als wären die Teigmoleküle magnetisch geworden und würden sich gegenseitig anziehen. Es ist die Belohnung fürs Durchhalten. Noch eine Minute, und weil sich der Teig nun wunderbar anfühlt, hänge ich noch eine dran. Ein Brotteig lebt, und der leicht säuerliche Geruch zeigt mir an, dass er bereit zum Gehen ist. Meine Hände dürfen sich inzwischen ausruhen, während der Teig an der Reihe ist zu arbeiten.

Nach einer halben Stunde im Warmen ist er blasig aufgegangen. Jetzt muss er noch einmal kurz geknetet werden. Ich zögere, den fluffigen Teig mit meinen Händen zu zerstören. Doch das ist nötig, schließlich soll das Brot locker, aber dennoch fest genug werden, damit es hinterher nicht auf dem Teller auseinanderbröselt. Endlich wird es gebacken, und bald zieht ein unwiderstehlicher Duft aus dem Ofen. Ob das Brot wohl schon fertig ist, frage ich mich und schaue konzentriert in das Backrohr. Hier ist Erfahrung gefragt. Jeder Ofen heizt anders, und bei den Zeitangaben ist Vorsicht gefragt. Vielleicht klappt es nicht beim ersten Mal, aber irgendwann hat man es im Gefühl, wann das Brot fertig ist.

Der große Moment ist gekommen. Ich öffne die Ofentür, und ein Schwall heißer Luft, getränkt mit leckerem Duft, kommt mir entgegen. Vorsichtig nehme ich das Brot heraus und kippe es um. Mit dem Fingerknöchel klopfe ich auf den Boden. Klingt es hohl, dann ist das Brot fertig. Wahrscheinlich klopft man noch ein paar Mal drauf, nur um sicher zu sein und weil es sich so befriedigend anhört. Nun heißt es geduldig sein, denn zunächst muss es abkühlen. Ganz ehrlich, ich habe noch kein einziges Brot abkühlen lassen. Ich bin einfach neugierig, ob es etwas geworden ist, und schneide es sofort an. Gut schaut es aus, eine gleichmäßige Konsistenz und eine feste Kruste. Natürlich muss ich sofort probieren. Es schmeckt himmlisch. Auch wenn alle Großmütter der Welt warnen, man bekäme Bauchweh von warmem Brot, schlage ich den sonst so wahren großmütterlichen Rat in den Wind. Denn so ein frisches, selbst gebackenes Brot ist das Beste, was es gibt.

Während ich genüsslich im Stehen eine Scheibe und noch eine esse, breitet sich ein unglaubliches Glücksgefühl im Körper aus. Alle Sinne freuen sich. Ich fühle das Brot, ich rieche das Brot und ich schmecke es. Beim Anschneiden höre ich das Krachen der Kruste, und in meinem Gehirn explodiert ein kleines Freudenfeuerwerk. Ich bin stolz, dass ich ein eigenes Brot gebacken habe, erfreue mich an seinem Geschmack und bin rund herum glücklich.

Es ist immer wieder erstaunlich, wie leicht es ist, sich selbst glücklich zu machen. Man muss nur ein Brot backen, und schon hält man das Glück buchstäblich in den Händen. Dieses intensive Gefühl bekommt man nicht, wenn man ein Brot in der Bäckerei kauft, selbst wenn es dort liebevoll hergestellt wurde. Es selbst mit den eigenen Händen zu machen ist der Garant für das Glück.

Beim Brotbacken lernen wir viel über die Arbeit mit unseren Händen. Die Höhen und Tiefen, die Anstrengungen, aber auch die Freude. Am Anfang stehen die Ausgangsmaterialien, die man braucht. Es macht keinen Sinn, ein Brot zu backen ohne ein Gramm Salz im Haus. Ein wenig Planung muss sein, darum wird das Material vorbereitet. Das ist das Wunderbare beim Arbeiten mit den Händen. Wir wählen selbst unser Material, mit dem wir arbeiten wollen. Wir haben von Anfang an alles im Griff, und die Entscheidungsgewalt liegt bei uns. Beim Zusammenfügen der Einzelteile sind Fingerspitzengefühl und Aufmerksamkeit nötig, Gedankenlosigkeit darf man sich nicht leisten. Hand-Werk verzeiht nicht so schnell.

Mit unseren Händen nehmen wir Kontakt zu dem Material, in dem Fall zum Teig, auf. Tausende von Daten liefern unsere Hände an das Gehirn. Temperatur, Feuchtigkeit und Konsistenz prüfen sie, und unser Kopf verarbeitet die Informationen und sagt uns, ob wir noch etwas Mehl über den Teig streuen sollten. Hier spielt die Erfahrung eine wichtige Rolle. Unser Gehirn ist gierig nach Erfahrungen, denn sie helfen ihm, mit der Welt da draußen zurechtzukommen. Sein eigenes Brot zu backen ist dabei eine archaische und fundamentale Erfahrung. Deswegen hinterlässt es einen intensiven Eindruck bei uns. Essen herzustellen ist mit sehr elementaren Gefühlen verbunden, und Brot ist in besonderer Weise emotional aufgeladen.

Weniger Spaß macht das Kneten. Das ist ebenfalls ganz grundlegend bei der Handarbeit. Irgendwann kommt man unweigerlich an den Punkt, an dem es anstrengend wird. Das braucht man gar nicht zu beschönigen. Das ist eine Durststrecke, da unsere Hände keine Maschinen sind, verlangt jedes Arbeiten mit ihnen Kraft. Ein Bodybuilder würde den Teig zwar mühelos bearbeiten, alle anderen aber bekommen nach drei Minuten Krämpfe. Handarbeit ist anstrengend!

Man muss sich motivieren durchzuhalten. Welche Strategie man dabei befolgt, ist Typsache. Ich gönne mir bei der Hälfte der Zeit eine Pause und freue mich ungemein, wenn ich sie mir dann doch nicht nehme und durchknete. Singen kann eine gute Ablenkung sein. Vier Mal *Stille Nacht* mit allen Strophen gesungen und schon ist die halbe Zeit um.

Man kann die Viertelstunde auch zum Nachdenken benutzen. Die Hände sind beschäftigt, das freut unser Gehirn, und darum arbeitet es überaus konzentriert. Von tagesaktuellen Problemen wie *Was koche ich heute?* bis zu tiefgründigen Fragen nach dem Sinn des Lebens, wobei beides mitunter zusammengehört, lassen sich im Kopf alle möglichen Dinge in aller Ruhe erörtern. Eine klassische *Win-win*-Situation. Die Zeit wird doppelt genutzt.

Oder man gibt sich ganz dem Kneten hin, sieht, wie der Teig zwischen den Fingern hervorquillt, wie er mit jeder Bewegung seine Form verändert. Man spürt bewusst, wie der

Teig von den Händen bearbeitet wird. Man blendet alles andere aus, ist nur Hand und Teig und vertieft sich in den Moment. Handarbeit wird zur Meditation. Da unsere Hände in der uns angemessenen Geschwindigkeit arbeiten und die Bewegungen in einem gleichmäßigen Rhythmus wiederholt werden, gleitet man hinüber in einen meditativen Zustand. Aus diesem Grund empfinden wir Handarbeit als entspannend.

Arbeitet man mit einer Maschine, ist eine andere Form der Konzentration gefragt. Maschinen sind viel schneller als wir Menschen, deswegen müssen wir auf sie aufpassen. Das Halten eines Handrührgerätes verlangt zwar weniger Konzentration als das Arbeiten mit einer Stichsäge, aber in beiden Fällen muss die Maschine beherrscht werden, sonst beherrscht sie uns mit allen unangenehmen Nebeneffekten. Ich möchte meine Finger nicht in den Handrührer bekommen und erst recht keine Bekanntschaft mit dem Sägeblatt machen.

Darum sind bei sich wiederholenden Bewegungen der Hände unsere Gehirnkapazitäten in einem angeregten und arbeitsbereiten Zustand. Die tätige Hand wird zum Konzentrationspunkt, der zur Meditation im weitesten Sinne führt.

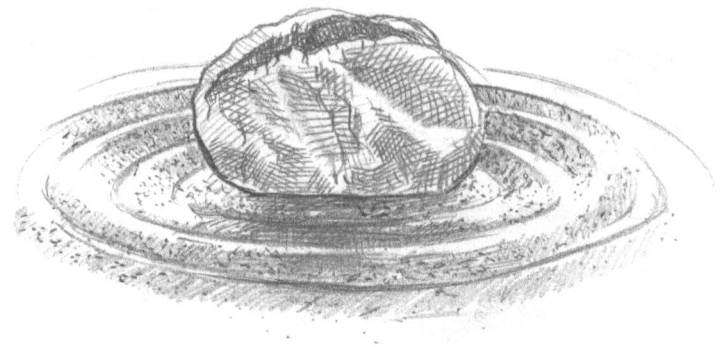

Diese kleinen Auszeiten im Alltag sind bereichernd, wir dürfen sie uns nicht aus den Händen nehmen lassen.

Unterbrechungen beim Teigkneten und allen anderen derartigen Tätigkeiten sind unerwünscht. Wie gesagt, ans Telefon gehen geht nicht, und schnell mal über das Smartphone wischen macht man mit Teigfingern auch nur ein einziges Mal. Daher besser erst gar keine technischen Geräte in der Nähe haben. Sonst muss man hinterher den Teig aus dem Notebook pulen.

Hat man genug geknetet, will der Teig im Warmen in aller Ruhe gehen. Da ist Geduld gefragt. Bei vielen handwerklichen Tätigkeiten gibt es Wartezeiten, die lästig sind. Farbe oder Kleber müssen trocknen, Weiden einweichen oder Samen keimen. Das finde ich schwer auszuhalten. Ich habe schon oft Bilder ruiniert, weil ich beim Malen nicht lange genug gewartet habe, bis die untere Farbschicht getrocknet war. Ganze Papierarbeiten fielen auseinander, weil der Kleber noch feucht war, beim Flechten eines einfachen Weidenzaunes um ein Beet herum sind mir alle Äste abgebrochen, weil ich sie nicht die vorgeschriebene Zeit hatte einweichen lassen, damit sie biegsam wurden. Im Frühling habe ich schon bei etlichen Samen und Blumenzwiebeln den ersten Keim abgebrochen, weil ich ungeduldig gegraben habe, um zu sehen, ob sie endlich wachsen.

Das Hand-Werk bestraft Ungeduld sofort. In einer Zeit, in der alles jetzt und sofort, Lieferung am besten noch am gleichen Tag, 24-Stunden-Service und alles mit nur einem Klick möglich ist, wird unsere Ungeduld gewinnbringend vermarktet. Wir müssen Geduld erst wieder lernen. Das passt so gar nicht zu unserem Zeitgeist, in dem ein »immer schneller« als Maxime ausgegeben wurde. Sich dagegen zu stemmen verlangt

Disziplin und Wachsamkeit. Unsere Hände sind dabei gute Lehrmeister.

Beim Brotbacken sollte der Teig sogar zweimal gehen. Noch mehr Geduld, die aber mit einem sich langsam intensivierenden Geruch belohnt wird. Das ist das Wunderbare beim Hand-Werk. Wir sehen, was entsteht, und dass etwas entsteht. Diese Belohnung liefert ein unmittelbares Erleben und befriedigt sofort. Also genau richtig für alle, die so ungeduldig sind wie ich.

Back- und Kochzeiten sind immer mit einer gewissen Vorsicht zu genießen. Ein wenig Erfahrung gehört dazu. Oft kann man gar nicht sagen, wie lange genau etwas braucht. Ein Hand-Werker oder eine Hand-Werkerin haben das *im Gefühl*. Sie wissen intuitiv, wann der richtige Zeitpunkt gekommen ist. Das betrifft alle handwerklichen Vorgänge, und ein großer Teil des Lernens besteht darin, den richtigen Zeitpunkt für einen bestimmten Schritt zu erfühlen. Beim Vergolden zum Beispiel muss man am besten die Anlegemilch über Nacht antrocknen lassen, bevor man das Blattgold anschließen kann. Das ist eine sehr ungenaue Zeitangabe. Hier ist die Erfahrung gefragt, die Anlegemilch muss sich trocken, aber immer noch ein wenig feucht anfühlen. Klingt das widersprüchlich? Natürlich. Die Finger des Vergolders oder der Vergolderin wissen aber genau, was damit gemeint ist.

Man kann noch so viel darüber lesen, Anleitungsvideos anschauen und es erklärt bekommen – viele handwerkliche Tätigkeiten kann man nur durch das eigene Tun lernen. Das braucht Zeit, und schon ist die Geduld wieder gefragt. Vor dem Hintergrund unserer schnelllebigen Zeit wird der Unterschied und zugleich das Potenzial von der Arbeit mit unseren Händen sichtbar. Es ist ein Gegenentwurf, ein Aus-weg und eine Chance, vielleicht die einzige, in einer digitalen Welt ganz Mensch zu bleiben. Wenn ich nun die Ofentür öffne und den ersten Bissen des frisch gebackenen Brotes probiere, weiß ich, wie das Paradies schmeckt.

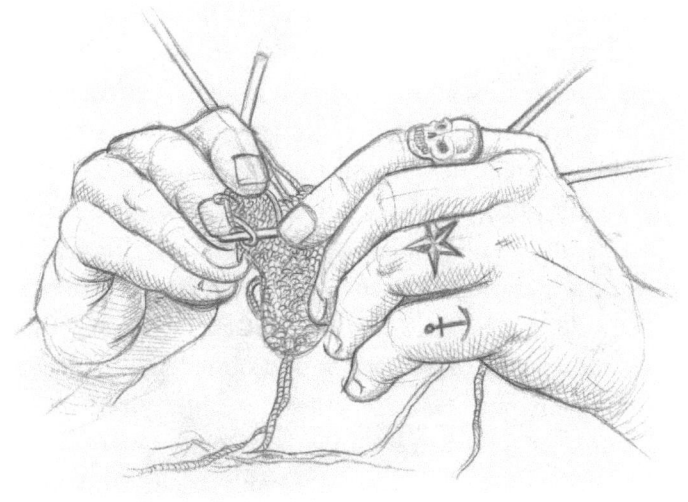

FALSCHES MACHEN UND
FALSCHES MACHEN

Die goldglänzenden Bälle fallen langsam nach unten, federn in Zeitlupentempo ab und springen aus dem Bild. Das wiederholt sich, und ein Ball fällt nach dem anderen, ohne jemals zu einem Ende zu kommen. Fasziniert schaue ich dieser 3-D-Animation zu. Es hat etwas Befriedigendes, wie die goldenen Bälle weich auf dem Boden landen, wie sie eingedellt werden, um dann wieder ihre perfekt runde Form anzunehmen. Minutenlang starre ich auf das Video, kann meinen Blick gar nicht davon lösen. Als ich endlich aufblicke, bin ich bestürzt, wie viel Zeit gerade vergangen ist. Das Internet und die sozialen Medien sind voll derartiger Filme. Sie sind faszinierend, unterhaltsam und in unendlich scheinender Zahl verfügbar. Ihre Sogwirkung ist erstaunlich, man kann sich ihnen nur schwer entziehen. Durch ihre Kürze merken wir gar nicht, wie sie in der Summe unsere Zeit stehlen.

An dieser gut gemachten 3-D-Animation wird das Dilemma der modernen Bilderwelt deutlich. Das trifft genauso auf unsere Lieblingsserie zu wie auf Seifenopern, soziale Medien oder Videospiele. Ständig wird uns darin scheinbar Neues präsentiert. Unaufhörlich und ohne jemals zu einem Ende zu kommen. Genau darin liegt der Sinn. Wir Menschen sind neugierig, das ist eine wunderbare Eigenschaft von uns. Doch gleichzeitig ist es ein wunder Punkt, eine Achillesferse, die uns wertvolle Zeit kostet. Wir wollen wissen, wie es weitergeht, was auf dem nächsten Level auf uns wartet, was in der nächsten Folge passiert oder welche Bilder von schönen Landschaften oder ihrem Essen Menschen noch gepostet haben. Täglich tappen wir in die Cliffhangerfalle. Wir verschwenden deswegen so gerne unsere Zeit mit den elektronischen Medien, weil sie uns in eine ständige Erwartungshaltung versetzen. Uns wird versprochen, dass gleich etwas ganz Besonderes kommen wird. Das kommt aber nie, denn ihr eigentlicher Sinn liegt in der Endlosschleife. Anfang und Ende verschmelzen miteinander, und die digitale Schlange beißt sich selbst in den Schwanz, während sie uns verführerisch den digitalen Apfel der Erkenntnis vor die Nase hält. Abbeißen können wir nicht davon. Als Folge werden wir aus dem Paradies vertrieben, ohne dass wir es merken. Das ist das Perfide an den Medien. Sie gaukeln uns ein paradiesisches Leben vor, ein mediales Schlaraffenland, aber wir Menschen brauchen mehr als nur Bits und Bytes.

Das ist Falsches machen. Wir werden dabei zum Opfer unserer Neugier einerseits und unserer Bequemlichkeit andererseits. Denn es ist leicht, sich dem billigen Genuss der Unterhaltung hinzugeben. Das ist nur menschlich. Doch es ist wie mit dem Zucker. Wir lieben Süßes, weil das in grauer Vorzeit dazu diente, uns anzuzeigen, dass eine süße Frucht nicht giftig ist. Darum ist unser Gehirn ganz versessen auf Süßes. Nur kommt nach dem Zuckerflash der Absturz, unser Insulin sackt nach unten und wir sind hinterher hungriger und unbefriedigter als zuvor. Das Gleiche geschieht bei den digitalen Medien. Wir gieren danach wie nach Zucker, genau wie bei ihm bleibt uns dabei am Ende nichts Substanzielles übrig. Die Leere versuchen wir mit noch mehr Medienkonsum zu füllen – vergeblich. Wir vergeuden unsere Zeit mit ihnen. Punkt, aus!

Ich liebe Süßes, und ich liebe meine Lieblingsserien. Ich bin anfällig für kleine Filmchen, in denen goldene Bälle auf eine glatte Oberfläche fallen, und ich kann stundenlang im Internet surfen, ohne wirklich etwas zu suchen. Damit bin ich nicht alleine. Ein Grund für unseren Zeitmangel, für unsere Unzufriedenheit und für das Gefühl, das Leben rase an uns vorbei, liegt darin, dass wir das Falsche machen. Das laugt uns aus, macht uns müde, nicht nur körperlich, sondern auch geistig. Die mediale Bilderflut, die akustische Dauerberieselung und das riesige Warenangebot zu bewältigen ist Schwerstarbeit für unser Nervensystem. Dieses Falsche zu machen, läuft unseren Bedürfnissen zuwider.

Falsches zu machen, lässt sich aufdecken. Ein wenig Nachdenken, ein wenig gesunder Menschenverstand reichen dafür aus. Doch wenn es so einfach wäre, sähe die Welt anders aus. Zwischen *Wissen* und *Tun* liegt bei uns Menschen leider ein Unterschied. Falsches zu machen beschränkt sich nicht nur auf unseren Medienkonsum, obwohl hier sicher das größte Einsparpotenzial liegt. Genauso wäre tägliches Fensterputzen ein »Falsches zu machen«. Von allen anderen Dingen, die falsch sind zu machen, den Straftaten und Verbrechen, soll hier gar nicht die Rede sein. Was wir alles falsch in unserem Leben machen können, und was für Falsches wir Menschen machen und warum wir es machen, ist ein weites Feld. Darüber haben sich viele Philosophen und Glaubenslehrer ihre Köpfe zerbrochen, Juristen verdanken dem ihren Beruf. Falsches zu machen ist ein falsch verstandenes Ausnutzen unserer menschlichen Freiheit.

Deswegen beschränke ich mich hier auf unsere Hände und was sie Falsches machen können. Das eine ist, dass sie gar nichts machen, außer ab und zu auf den Knopf der Fernbedienung zu drücken. Oder in monotonem Rhythmus über den Touchscreen unseres Smartphones zu wischen. Das ist eine der häufigsten Bewegungen, die unsere Finger heute ausüben. Wenn man sich überlegt, wie viele Jahrmillionen die Evolution gebraucht hat, um unsere Hände mit ihren Möglichkeiten an Bewegung zu formen, nur damit wir heute mit den Fingern stundenlang über einen Bildschirm fahren. Das muss für die Evolution richtig deprimierend sein. Da hat sie sich angestrengt, damit wir unsere Finger, unsere Hände und nicht zu vergessen unsere Schultern koordiniert bewegen können, und nun sitzen wir da und unterfordern das alles, in dem wir Falsches machen?

Besinnen wir uns wieder auf unsere Hände, reguliert sich dieses Zuviel von selbst. Denn unsere Hände können nur eine bestimmte Menge an Arbeit verrichten. Sie begrenzen ganz natürlich unser Machen. Mit einer Maschine kann ich Tausende Semmeln in einer Stunde herstellen, mit der Hand vielleicht einhundert. Unsere Hände begrenzen und reduzieren unseren Umgang mit unserer Umwelt auf ein menschliches Maß. Sie geben den richtigen Takt vor, der zu uns passt. Heute geben hingegen die Maschinen den Takt und das Tempo vor. Wir werden von ihnen bevormundet und unter Druck gesetzt. Nehmen wir nur einmal meine Waschmaschine. Wenn sie mit der Wäsche fertig ist, pfeift sie nach mir, als wäre ich ihr Dienstbote, und verlangt, dass ich sie leere. Bin ich meinem Kühlschrank nicht schnell genug, weil ich mit meinem männlichen Tunnelblick die Butter nicht gleich finde, schimpft er mit mir, weil ich seine Tür zu lange offen halte. Mein Smartphone plingt den ganzen Tag und heischt um meine Aufmerksamkeit. Muss ich mir das als Mensch gefallen lassen?

Die technische Entwicklung ist weit fortgeschritten, das ist beeindruckend. Trotzdem sind wir nach wie vor Menschen mit unseren menschlichen Bedürfnissen. Das menschliche Maß, früher sogar noch in den Längenmaßen wie Elle oder Fuß sichtbar, scheint für unseren Alltag an Bedeutung zu verlieren. Doch wenn das menschliche Maß in unserer Welt nicht mehr der Maßstab ist, dann brauchen wir neue Bereiche, in denen wir uns als Mensch wahrnehmen können. Dazu müssen wir unseren Körper, unseren Geist und unsere Seele genau damit beschäftigen, wofür sie gemacht sind. Das ist für unsere physische und psychische Gesundheit unabdingbar.

Wer schon einmal mit dem Flugzeug eine Fernreise verbracht hat, wird den Jetlag kennen. Die Reisegeschwindigkeit und der damit verbundene Sprung in der Zeitzone machen unserem Körper zu schaffen. Er kommt nicht mehr mit. Genauso verhält es sich mit der technischen Entwicklung. Die Schnelligkeit unserer Zeit, die Möglichkeiten, die schiere Masse, mit der wir konfrontiert werden, seien es Bilder oder Waren, überfordern uns ständig. Bis zu einem gewissen Grad sind wir daran gewöhnt und merken oft die Belastung gar nicht mehr. Erst im Kontrast dazu, wenn wir an einem ganz ruhigen Ort sind, fern von menschlichen Dingen, merken wir den Unterschied zum Alltag.

Ich lebe in den Alpen, da ist es relativ einfach, solche einsamen Orte aufzusuchen. Direkt vor der Haustür gibt es Berggipfel, auf denen man außer ein paar Murmeltieren, Steinböcken und Bergdohlen niemanden trifft. Da spürt man ganz unmittelbar, was dieses menschliche Maß bedeutet. Das wird auch in den Einträgen in den Gipfelbüchern deutlich.

Die Menschen fühlen sich dort oben ganz bei sich und erfahren sich selbst und ihr Verhältnis zur Welt wieder neu. Diese Gefühle lassen sich nicht nur auf einem Berggipfel erleben, sondern ganz einfach im Alltag. Dazu müssen wir unsere Aufmerksamkeit nur auf unsere tätigen Hände lenken. Durch ihr Machen erleben wir uns neu.

Wir müssen das menschliche Maß wieder stärker in unser Leben bringen, um uns gut zu fühlen, um uns als Mensch ganzheitlich wahrzunehmen. Das Fantastische dabei ist, dass wir da, wo wir gerade sind, damit anfangen können. Hören wir einfach auf, das Falsche zu machen, und beginnen wir damit, das Richtige für uns zu machen.

Es gibt Menschen, die machen etwas. Das ist gut, sehr gut sogar. Nur ist ihr Machen falsch. Nicht generell falsch wie das Falsche machen, sondern für sie ganz persönlich ist es falsch. Eine mögliche Ursache dafür kann die Familie sein. Es sind familiäre Traditionen, die uns etwas machen lassen, das gar nicht zu uns passt. In meiner Familie wurde zum Beispiel immer Ski gefahren. Darum bin ich auch als Erwachsener weiter Ski gefahren, habe es meinen Kindern beigebracht und würde vielleicht heute noch Ski fahren, wenn ich nicht vor ein paar Jahren sehr spontan entschieden hätte, dass ich nicht mehr weiter die Skipisten herunterwedeln möchte. Das war eine der besten Entscheidungen meines Lebens. Denn mir hat es im Grunde nie wirklich Spaß gemacht. Aus einer Gewohnheit und Familientradition heraus habe ich jeden Winter brav in den Skiliften gesessen, habe an den Zehen gefroren und bin mehr recht als schlecht die Pisten hinuntergefahren. Zu mir gepasst hat es nie. Darum war es befreiend, endlich ganz bewusst den Schlussstrich zu ziehen. Ich hatte festgestellt, dass ich falsches Machen betreibe. Mir reicht es, im Winter spazieren zu gehen. Mehr an Frischluftaktivität brauche ich in dieser Jahreszeit nicht. Jeden Winter freue ich mich, wenn ich die Skifahrer sehe. Ich freue mich für sie, dass es ihnen Spaß macht, und für mich, dass ich nicht mehr auf der Piste sein muss.

Das falsche Machen zu entdecken ist nicht immer ganz einfach. Man kann sich bei seinen verschiedenen Tätigkeiten beobachten und prüfen, wie man sich dabei fühlt. Oft weiß unser Bauch schon lange, was zu uns passt und was nicht. Wir müssen es uns nur eingestehen. Warum gibt es mehr Männer, die mit Metall und so viele Frauen, die mit Textilien arbeiten? Gesellschaftliche Prägung, Vorbilder und Traditionen spielen dabei eine wesentliche Rolle. Doch liegt dem Einzelnen wirklich das, was er macht, oder folgt er nur äußeren Vorgaben? Durch Neugierde auf Neues kann falsches Machen entdeckt werden. Musikerinnen und Musiker kennen das. Sie fangen als Kind mit einem Instrument, klassischerweise dem Klavier oder der Geige, an, und dann bekommen sie ein anderes in die Hände und wissen sofort, das ist ihr wahres Instrument.

Der Vorteil beim falschen Machen ist, dass wir überhaupt etwas machen. Das ist eine gute Ausgangsposition. Der Schritt vom Falsches machen zum Richtiges machen ist schwerer als vom falschen Machen zum richtigen Machen.

Ein gutes Mittel ist es, vieles auszuprobieren. Setzen wir unsere Neugierde an dieser Stelle ganz zielgerichtet ein. Es empfiehlt sich, dabei mit einfachen Dingen zu beginnen. Das setzt die Frustrationsgrenze nach unten und die Erfolgsgrenze nach oben. Als Kind war ich von Zauberern fasziniert, und ich bekam ein Buch mit allerlei Zaubertricks geschenkt. Doch anstatt mit den kindgerechten Tricks anzufangen, wollte ich die zersägte Jungfrau einstudieren. Das Vorhaben scheiterte einerseits daran, dass meine Schwester beim Anblick der Säge davonlief und sich in ihrem Zimmer verbarrikadierte, und andererseits daran, dass der Trick für einen achtjährigen Jungen nun wirklich eine Nummer zu groß war. Das beendete meine Zaubererkarriere, noch bevor sie angefangen hatte. Besser, ich hätte mit den kleinen, auf den ersten Blick langweiligeren Tricks angefangen. Die Frustration war vorprogrammiert und der Erfolg gleich null.

Wer mit dem Stricken anfängt, sollte als erstes Projekt nicht unbedingt einen Mantel anfertigen, sondern es mit einem Schal probieren. Wer sich Ölfarben und eine Leinwand gekauft hat, sollte nicht gleich mit einer Kopie der Mona Lisa anfangen. Das klingt selbstverständlich, nur scheitern wir oft, weil wir uns überfordern. Auch das ist falsches Machen. Klein anzufangen ist keine Schande. Ganz im Gegenteil, je eher sich Erfolgserlebnisse einstellen, desto schneller werden wir lernen. Dadurch erfahren wir Motivation, und die Freude am Machen wächst. Zu groß, zu viel, zu schnell, das sind Anfängerfehler, die man erst gar nicht machen sollte. Das richtige Maß ist immer das menschliche Maß. Als Babys beginnen wir mit kleinen Schritten, um später einmal einen Marathon zu laufen. Die ersten, noch unsicheren Schritte sind genauso wichtig wie die vielen Schritte danach, die uns über das Ziel tragen. Unsere Hände brauchen Übung, brauchen erste kleine Bewegungen, um sich zu steigern. Wir alle haben diese Schritte oft genug durchgemacht. Wissen Sie noch, wie Sie Schreiben gelernt haben? Die mühsamen ersten Buchstaben? Bei jedem handwerklichen Vorhaben ist es nicht anders. Das falsche Machen frustriert uns. Glücklich werden wir, wenn wir das Richtige machen.

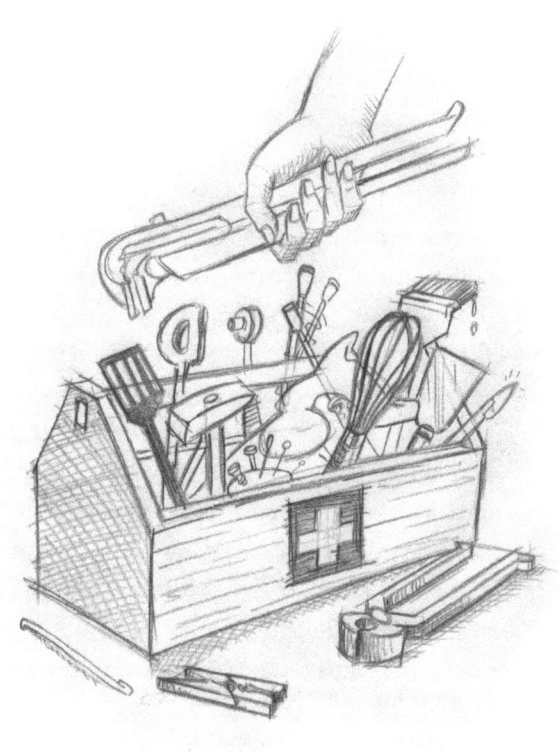

VON DER NOTWENDIGKEIT
DES MACHENS

Also dann, gehen wir frisch ans Werk! Oder sind Sie noch nicht so weit? Brauchen Sie noch ein paar Minuten, bevor Sie sich in das Abenteuer Hand-Werk stürzen? Zugegeben, es ist der Schritt in einen neuen Lebensabschnitt. Sie dachten bislang, sie haben zwei linke Hände und für das Hand-Werk keinerlei Begabung? Das mit den zwei linken Händen halte ich für ein Märchen, für eine faule Ausrede, für eine falsche Selbstwahrnehmung. Sie können sich Ihre Schuhe mit einer Schleife zubinden? Perfekt. Kaum ein Hand-Werk wird komplizierter als das. Mehr brauchen Sie nicht, um zu beginnen.

Der Anfang für ein Werk mag in verschiedenen Gründen liegen. Sie wollen etwas machen oder Sie müssen etwas machen. Beginnen wir mit Letzterem. Oft werden wir aus Zufall handwerklich tätig. Vielleicht weil es die kostengünstigste Lösung ist, kein Handwerker oder keine Handwerkerin greifbar ist oder einfach keine andere Möglichkeit besteht, als selbst Hand anzulegen. Dies sind wertvolle Gelegenheiten, mit dem Hand-Werken zu beginnen. Vielleicht gehen Sie ein wenig unbedarft, fast naiv an die zu erledigende Sache heran und sind am Ende über sich selbst erstaunt, dass sie es so gut geschafft haben. Vielleicht hat es nicht auf Anhieb geklappt, aber der Ehrgeiz ist angestachelt und nun wollen Sie es erst recht schaffen.

Ich vermute, wir beginnen meistens aus einer Notwendigkeit heraus mit dem Hand-Werk. Ins kalte Wasser geschmissen zu werden und nun zu strampeln ist ein Weg, den wir freiwillig nicht betreten würden. Aber es ist der Weg, den das Leben gerne mal für uns auswählt. Mit der Notwendigkeit ist eine Nützlichkeit verbunden, die den positiven Effekt unseres erledigten Werkes unterstreicht. Unser Gehirn belohnt uns, wir freuen uns, sind stolz und glücklich. Wer möchte dies nicht gerne fühlen? Mit dem Hand-Werk ist es praktisch jederzeit möglich. So kann uns eine Notlage zu unserem Glück zwingen.

Wollen wir gerne etwas machen, so steht uns die ganze Welt des Hand-Werkens offen. Willkommen im Schlaraffenland. Treten Sie ein und beginnen Sie. Die Fülle an Möglichkeiten kann überwältigend sein. Beginnen Sie spielerisch, probieren Sie nicht nur verschiedene Materialien, sondern vor allem sich selbst aus. Lernen Sie sich als Hand-Werkerin und Hand-Werker kennen. Beim Selbermachen entdeckt man neue Seiten an sich. Mit einem Mal bringt man Geduld auf, entwickelt ein Gespür für ein Material und stellt fest, wie viel mehr in einem steckt. Selbermachen wird zur Selbsterkenntnis. Es kann helfen, unsere Psyche zu reinigen, sie zu heilen und ihr neue Nahrung zu geben. Selbermachen stärkt uns. Das Glück wohnt in unseren Händen. Wir müssen nur zupacken.

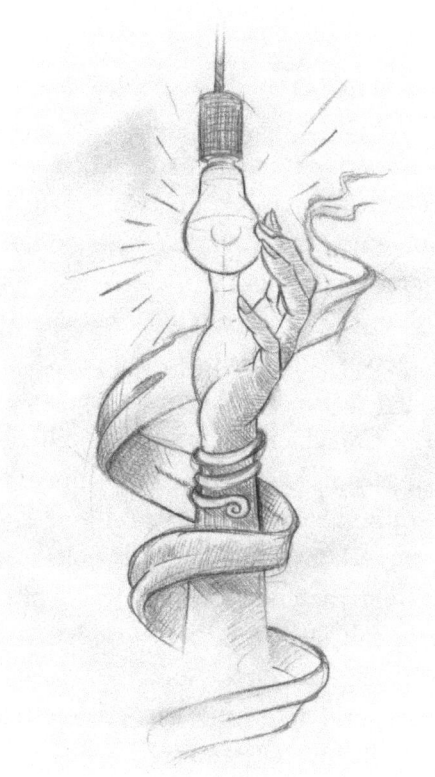

MUSENKÜSSE
SCHMECKEN BESSER

Die Idee kommt aus dem Nichts. Plötzlich ist sie da, taucht mit einer erstaunlichen Selbstverständlichkeit in unserem Kopf auf und tut so, als ob sie schon immer dort oben gewesen wäre. »Hier bin ich!«, ruft sie uns zu und schaut uns erwartungsvoll entgegen.

Ideen führen in unserem Gehirn ein Eigenleben. Woher

sie kommen, lässt sich gar nicht so genau feststellen. Es scheint eher so, als ob sie die ganze Zeit hinter einer unserer Gehirnwindungen gelauert hätten, um dann herauszuspringen und uns zu überraschen. Darum können uns manche Ideen völlig überrumpeln und sogar erschrecken. Andere schleichen leiser herein, und man muss aufpassen, dass man sie überhaupt wahrnimmt. Wenn man Glück hat, dann entscheidet sich die Idee genau zum richtigen Zeitpunkt, an die Oberfläche zu steigen. Dann, wenn man sie braucht und wenn sie uns weiterbringt. Solche Ideen sind uns am liebsten.

Bewusst steuern kann man die Ideen nicht. Sie verfügen nämlich über ihren eigenen Kopf, und man kann sie nicht zwingen hervorzukommen. Störrisch halten sie sich versteckt, selbst wenn man noch so sehr nachdenkt. Eines kann man allerdings mit ihnen machen – sie herauslocken. Wie bei einem scheuen Reh wirft man kleine Zuckerstücke hin, die von ihnen gierig aufgesammelt werden. Diese Zuckerstücke nennt man Inspiration. Ideen lieben Inspiration, sie sind richtig süchtig danach, und die Aufgabe des Hand-Werkers und der Hand-Werkerin ist es, den Kopf mit Inspiration anzuregen.

Inspiration ist das beste Mittel gegen Monotonie. Dank ihrer wird Veränderung möglich. Wer das immer gleiche Produkt herstellt, braucht keine Inspiration. Wer etwas Neues, etwas anderes herstellen möchte, der braucht eine zündende Idee, und die kommt durch Inspiration. Damit halten wir unser Gehirn bei Laune, es mag ja neue Ideen, und dankt es uns mit Glücksgefühlen.

Inspiration bedeutet wörtlich *Einhauchen* – die Ideen werden dem Gehirn eingehaucht. Von wem, das mögen Philosophen, Theologen oder Gehirnforscher klären. Ich persönlich habe da stark die Musen in Verdacht. Sie sitzen gemütlich auf dem Parnass, und ab und zu steigen sie herunter, um uns Sterbliche hauchend zu küssen. Es macht ihnen Spaß, uns ein wenig zu necken und ihre Küsse mal sparsam, mal verschwenderisch zu verteilen. Es ist, als wäre unser Gehirn eine Musen-Küss-Station.

Nachdenkend suchen wir eine Lösung für ein kreatives Problem. Der Hand-Werker und die Hand-Werkerin fangen an auszuprobieren. Mancher und manche halten mit kleinen Skizzen den Prozess fest, hangeln sich von Zwischenlösung zu Zwischenlösung und vieles wird verworfen. Oft ist es hilfreich, zurück zum Anfang zu gehen, um dann eine sich plötzlich auftuende Abkürzung zur Lösung zu nehmen.

Irgendwann bei diesem Prozess küsst uns die Muse. Hinterher können wir oft gar nicht sagen, wann uns der entscheidende Durchbruch gelungen ist. Diese Art von Nachdenken ist ein ganz aktives Arbeiten, und Kreativität hat sehr viel damit zu tun. Das kann richtig anstrengend werden und wird gerne unterschätzt. Denn die Muse küsst nicht jeden, sondern bevorzugt jene, die sich intensiv um eine Lösung bemühen.

Vielleicht ist es am ehesten mit dem Lösen einer Mathematikaufgabe zu vergleichen. Um eine Textaufgabe zu lösen, braucht es Kreativität. Wer kann sich nicht an diese seltsamen Aufgaben erinnern, bei denen man schon gar nicht verstand, worum es eigentlich ging. Ich jedenfalls denke mit Graus an all jene komplizierten Textaufgaben, bei denen ich zuerst keinen Schimmer hatte, was gemeint war. Hier braucht es ebenfalls die zündende Idee – den Musenkuss –, um zu wissen, wie man vorgehen muss.

Nicht anders verhält es sich bei unserer Kreativität. Ich bin fest davon überzeugt, wir Menschen sind nur zu dem geworden, was wir sind, weil wir kreativ denken können. Das hat uns entscheidende Vorteile geliefert, und genau das wird uns auch in der Zukunft retten. Kreative Lösungen durch Nachdenken finden, die Musen durch unsere aktive Gehirntätigkeit herauslocken, das macht uns Menschen zum Menschen. Für eine gute und lebenswerte Zukunft brauchen wir noch viele Musenküsse! Nur muss das Nachdenken von klein auf eingeübt werden. Darum kommt Hand-Werkern und Hand-Werkerinnen eine große Vorbildfunktion zu. *Der Denker* von Auguste Rodin stellt auf sehr anschauliche Art und Weise diesen Prozess dar. In sich gesunken sitzt er da, man sieht ihm die Anstrengung an, die ihm das Denken macht. Doch sobald er die Idee gefunden hat, wird er auf seine kräftigen Füße springen und zur Tat schreiten. Wir alle sind dieser Denker, und ein wichtiger Teil des Hand-Werks findet im Kopf statt.

Die Musen beobachten solche gedanklichen Überlegungen sehr genau und haben ihre Freude daran. So sehr freuen sie sich, dass sie gerne denjenigen küssen, der beim Denken ganz fleißig ist. Überhaupt bevorzugen sie gerne den Macher und die Macherin, also all jene, die nicht die Hände in den Schoß legen und darauf warten, von ihnen geküsst zu werden. Eine solche Anspruchshaltung mögen die griechischen Damen gar nicht. Leider findet sich diese Einstellung immer wieder. Da warten Menschen auf die Musen, behaupten, sie bräuchten Muße, um kreativ zu sein, und am Ende des Tages schaffen sie gar nichts, da ihnen mit dieser Einstellung kaum was gelingen wird.

Fehlende Muße ist nur eine faule Ausrede. Hüten Sie sich davor, und sobald Sie merken, sie machen nichts, weil keine Muse in Sicht ist, dann machen Sie ganz schnell etwas. Zum Beispiel räumen Sie ihren Arbeitsplatz auf. Das ist ein sehr bewährtes Mittel, die Musen anzulocken. Sortieren Sie ihr Material, ordnen Sie Papier, Stoff oder mit was auch immer Sie arbeiten, bringen Sie Ihr Werkzeug auf Vordermann, misten Sie Schubladen aus, und ich wette mit Ihnen, die Ideen purzeln nur so in ihrem Kopf umher. Im Aufräumen liegt überraschend viel Kraft. Als ob die äußere Ordnung auch in unserem Kopf ordnend wirkt. Ebenso hilfreich können Routinearbeiten sein, die man ausführt. Dabei wird der Kopf frei, die Gedanken fangen das Wandern an und finden dabei Ideen, die man anfangs gar nicht gesucht hat.

Wenn das alles nichts hilft, geht man spazieren oder kümmert sich, wie ich es gerne tue, um Beikräuter im Garten. Dem lästigen Giersch habe ich vieles an Inspiration zu verdanken. Bewegung an der frischen Luft wirkt Wunder. Probieren Sie es aus! Wetten, Sie werden bald auf der Stelle kehrt machen, da ihnen unterwegs eine Muse aufgelauert hat? Oder steigen Sie in die Badewanne. Bei Archimedes hat es geholfen. Er wurde dabei – *Eureka!* – von der Muse geküsst. Genau das wünschen wir uns, denn solche Musenküsse sind richtig sexy. Dieses plötzliche Einhauchen einer Idee ist sehr bequem, sehr erfreulich und leider sehr selten. Hinterher kann man nie sagen, woher diese Idee eigentlich stammte. Plötzlich war sie da, und die Musen ziehen sich lächelnd auf den Parnass zurück. Unser Gehirn scheint selbst überrascht zu sein, und es braucht ein wenig, um zu realisieren, was da gerade passiert ist. Erst im Nachhall wird uns bewusst, was da gedacht worden ist. Als ob unser Gehirn schneller gedacht hätte, als es selber denkt. Darum haben die alten Griechen die Musen als Erklärung dafür erfunden. Es ist ratsam, sich diese Idee zu notieren, damit sie nicht hinter irgendeiner Gehirnwindung auf Nimmerwiedersehen verschwinden. Gerade noch hatte man sie im Kopf, und auf einmal ist sie weg und wir haschen vergeblich nach ihr.

Gerne küssen uns die Musen, wenn man es gerade nicht erwartet. Als ob sie darauf warten würden, dass wir abgelenkt sind, und hast-du-nicht-gesehen, küssen sie uns. Warum Musen uns ausgerechnet dann küssen, wenn wir auf der Toilette sitzen, wird wohl ihr Geheimnis bleiben. Von diesem Phänomen erzählen viele kreative Menschen.

Es kann vorkommen, dass wir zuerst gar nicht merken, dass wir eine klasse Idee in unserem Kopf haben. Wir sind viel zu sehr abgelenkt, bis uns dämmert, Moment mal, da schwirrte gerade eine Idee durch meine Gehirnwindungen. Man muss Musenküsse auch als solche erkennen. Wir spüren richtig gute Ideen an einem wohligen Schauern, das uns erfasst. Die Idee wird körperlich spürbar. Darum sind die Musen vielleicht gar keine griechische Erfindung, sondern es gibt sie wirklich.

Die Damen bevorzugen die Geduldigen und Fleißigen. Darum mag ich die Muse *Melete* so gerne. Denn sie ist die Muse der Übung und Praxis. Beides brauchen wir, um das Zusammenspiel von Kopf und Hand einzuüben, zu festigen und zu verbessern. Sie besucht all jene, die mit ihren Händen am Arbeiten sind, die aktiv sind, deren Kopf empfangsbereit für neue Ideen ist. Mit Übung und Praxis lockt man Melete hervor, und wenn man Glück hat, nimmt sie ihre Schwester *Mneme* mit. Die ist für die Erinnerung und das Gedächtnis zuständig, und an diesem Punkt kommt die Inspiration wieder ins Spiel. Nur wenn *Mneme* uns helfen kann, etwas Gesehenes, Erlebtes oder Gespürtes wiederzuerinnern, kann ein Musenkuss daraus werden. Man muss den Musen den Boden bereiten. Denn unser Gehirn kann nur Dinge verarbeiten und als Quelle der Inspiration verwenden, wenn es ordentlich mit Material gefüttert wurde. Sonst küssen die Musen ins Leere, um im Bild zu bleiben. Man kann den Vorgang mit einem Garten vergleichen, der nur blüht, wenn der Samen auf fruchtbaren Boden fällt. Daraus wächst die Inspiration. *Mneme* hilft uns, aus allen Eindrücken etwas Neues emporwachsen zu lassen. Darum ist es so wichtig, seinen kreativen Garten mit fruchtbarer Erde zu füllen.

Inspiration braucht Substanz, nicht Masse. Wir Menschen heute werden regelrecht mit Bildern überflutet. Keine Generation vor uns hat täglich so viele Bilder gesehen wie wir. Für einen Menschen im Mittelalter waren die Altarbilder in den Kirchen oft die einzigen Bilder, die er zu sehen bekam. Dadurch waren sie etwas ganz Besonderes und wurden jeden Sonntag neu studiert. Dann kamen der Holzdruck und der Buchdruck, die Bilder nahmen sehr langsam an Zahl zu. Erst die industrielle Revolution ließ die Bilderzahl nach oben schnellen. Doch das war alles noch nichts im Vergleich zur digitalen Revolution. Wir sehen heute an einem Tag mehr Bilder, als mancher unserer Vorgänger in seinem ganzen Leben. Das einzelne Bild wurde im Laufe der Zeit immer mehr abgewertet, da es an Einzigartigkeit eingebüßt hat. Wir sehen, nehmen aber nicht mehr wahr. Darum sollten wir uns die Dinge ab und zu ganz bewusst anschauen. Nicht nur schnell darüberscrollen, da bleibt nichts haften, und *Mneme* tut sich schwer, uns daraus etwas Fruchtbares einzuhauchen. Seien Sie wählerisch und anspruchsvoll, welchen Bildern Sie ihre Aufmerksamkeit und Zeit schenken.

Heute bietet das Internet die schnellste und einfachste Art, sich mit Bildern zu versorgen. Es ist eine riesige und fantastische Inspirationsquelle. Nur kann man in der Menge schnell den Überblick und sich in den Weiten des Netzes verlieren. Hinterher stellen wir fest, dass wir nichts gewonnen, sondern nur kostbare Lebenszeit verschwendet haben. Ein bewusster Umgang, ein gesteuertes Sehen und eine gezielte Begrenzung bringen mehr, als sich der ausufernden Masse an Bildern zu ergeben. Für Anregungen, Erfahrungen sowie Tipps und Tricks ist das Internet eine große Hilfe. Am besten ist es mit einer vielseitigen Kombizange zu vergleichen. Für vieles zu gebrauchen, immer gut, sie in der Hosentasche zu haben, aber nachdem sie ihren Zweck erfüllt hat, kann man sie wieder zurück in den Werkzeugkasten legen. Genau so sollte man als Hand-Werker und Hand-Werkerin das Internet benutzen – wie ein hilfreiches Werkzeug. Dann hat man die richtige Einstellung dazu gefunden.

Die Inspiration ist gut mit der Intuition vergleichbar. Meine Intuition wird mir nur dann weiterhelfen, wenn sie vorher mit Erfahrungen gefüttert wurde. Unser Bauch verarbeitet diese und teilt sie uns mit. Unser Bauchgefühl liegt in jenen Bereichen richtig, in denen wir schon gewisse Erfahrungen gemacht haben. Unser Bauch braucht Informationen, genauso wie unsere Inspiration. Unser Bauch ist nicht klüger als unser Kopf. Er verarbeitet sein Wissen nicht durch Nachdenken. Stimmungen und Gefühle werden dabei mit eingerechnet und berücksichtigt. Diesen Prozess in Worte zu fassen fällt schwer, deswegen sprechen wir dann von Intuition. Die Inspiration sitzt gleich neben der Intuition. Vielleicht arbeiten die beiden auch gelegentlich zusammen.

Unsere Inspirationsvorratskammer füllt sich nicht von heute auf morgen. Darum sollte man sich jede Woche eine Inspirationszeit nehmen. In der setzt man sich ganz bewusst mit dem auseinander, was man als inspirierend empfindet. Klassisch wäre der Museumsbesuch. Warum nicht dabei einmal nicht nur die Bilder, sondern auch die Rahmen mit ihren Formen und Ornamenten genauer anschauen? Beim nächsten Schaufensterbummel achten Sie auf die Schaufensterdekoration und nicht nur auf die ausgestellte Ware. Graffitis können genauso inspirierend sein wie Plakate. Ein Theaterbesuch kann einen auch ästhetisch lange noch beschäftigen. Ballett ist nichts anderes als eine beständige Aneinanderreihung von Einzelbildern. Toulouse-Lautrec war davon fasziniert, warum sollte es uns nicht auch inspirieren? Nicht zu vergessen sind Kinofilme. Dabei kann man viel über spannenden Bildaufbau lernen. Wo positioniert der Kameramann die Darsteller? Zentral in der Mitte oder aus der Symmetrieachse heraus verschoben? Viele Filme wirken durch ihre Ausstattung bis in die Mode hinein. Die ältere Generation wird sich noch daran erinnern, dass nach *Jenseits von*

Afrika alle Safari-Kleidung tragen wollten wie Meryl Streep. Man kann *Downton Abbey* wegen der menschlichen Dramen anschauen oder aber wegen der Möbel, der Kleider und der Architektur. Ganz abhängig vom persönlichen Geschmack und von Vorlieben.

Ich persönlich finde die Werkstatt eines Hand-Werkers oder einer Hand-Werkerin sehr inspirierend. Der Ort, an dem Hand-Werk entsteht, atmet Kreativität und Einfallsreichtum. Zu sehen, wie und wo andere arbeiten, ist für mich Inspiration pur. Jeder Hand-Werker und jede Hand-Werkerin richtet sich unterschiedlich ein. Ob ordentlich oder chaotisch, idyllisch oder nüchtern, aus jeder Werkstatt kann man etwas lernen. Wie werden die Materialien und die Werkzeuge aufbewahrt, wie der Arbeitsplatz eingerichtet und was hat sich für den Hand-Werker und die Hand-Werkerin Inspirierendes angesammelt? Nutzen Sie Tage der offenen Werkstatt oder des Ateliers, und besuchen Sie Hand-Werkerinnen und Hand-Werker, Künstlerinnen und Künstler. Die meisten freuen sich über ehrliches Interesse an ihrer Arbeit und erzählen bereitwillig darüber. Das sind wunderbare Gelegenheiten, in Handwerkswelten einzutauchen. Es geht gar nicht so sehr darum, was sie machen, sondern um das wie. Eine Werkstatt ist ein besonderer Ort. Hier ist *Melete* zu Hause und fühlt sich wohl. Kreativität kann ansteckend sein, und Werkstätten wecken den Wunsch, selbst etwas zu machen. Lassen Sie sich zum Hand-Werk inspirieren!

Schauen Sie hinaus in die Welt, sie steckt voller Anregungen. Doch seien Sie wählerisch und anspruchsvoll, mit was Sie ihren Inspirationsgarten düngen. Neben all der Schönheit gibt es so viel Schlechtes, Hässliches, Liebloses, Kitschiges und Minderwertiges. Meiden Sie das alles, denn es müllt nicht nur Ihren Kopf, sondern auch die Umwelt voll. Unser Geschmack, wenn er gut ausgebildet ist, hilft uns, das Schöne, Wahre und Gute in unser Leben zu lassen.

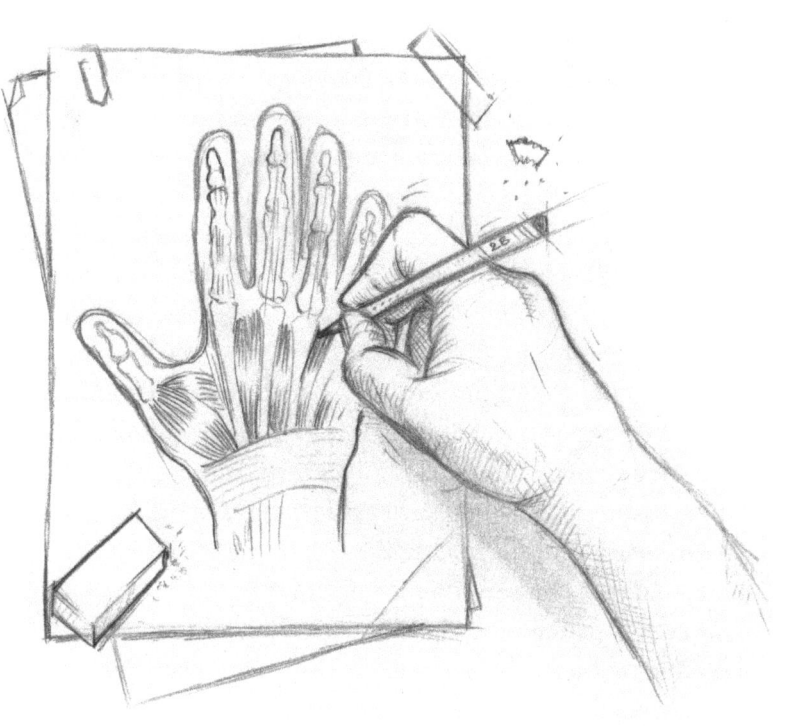

DER HÄNDE WERK

Es ist erstaunlich, dass Sie dieses Buch in den Händen halten können. Dazu ist ein ausgeklügeltes Zusammenspiel von Muskeln, Sehnen und Nerven nötig. Was für uns selbstverständlich erscheint, ist eine Glanzleistung und grenzt an ein Wunder. Sind Sie mit dem Lesen am Ende der Seite angelangt, werden ihre Finger mit dem Pinzettengriff die Seite anheben und umblättern. Einfach so, ohne Überlegung. Fantastisch!

Unsere Hände haben uns Menschen zu dem gemacht, was wir heute sind. Ein Viertel unserer Knochen steckt in ihnen. Die 27 Knochen ermöglichen uns komplizierte Bewegungen. Der kleine Finger ist dabei genauso beweglich wie der Daumen, nur der Mittelfinger ist fest mit der Handwurzel verbunden. Das macht unsere Hand so effektiv. Bei einem Primaten sind alle Finger fest mit der Handwurzel verbunden, und sein langer, dicker Daumen kann nicht so spielerisch leicht diese Seite umblättern wie Sie. Unser beweglicher Daumen macht uns, vereinfacht gesagt, zum Menschen. Nur dadurch konnten wir Werkzeug erfinden, das wiederum die evolutionäre Entwicklung der Hand beeinflusst hat. Je mehr Werkzeug, desto beweglicher die Hand und je beweglicher die Hand, desto besseres Werkzeug konnten wir herstellen.

Diesen Text schreibe ich mit einem Füller, und während ich schreibe, beobachte ich meine Hand, wie sie den Stift hält und ihn so über das Papier führt, dass Buchstaben aneinandergereiht werden. Kleinste Bewegungen meiner rechten Hand ergeben einen Buchstaben. Dabei merke ich, dass es gar nicht so einfach ist, sich selbst beim Schreiben zuzuschauen. Mein seit der Grundschule berüchtigtes Schriftbild wird dadurch nicht besser. Ich könnte diesen Text natürlich am Computer schreiben. Aber ich habe nie gelernt, wie man mit zehn oder wenigstens acht Fingern schnell schreibt. Ich schreibe nach wie vor mit zwei Fingern nach dem Adler-Such-System und haue dabei leider oft daneben. Bis ich einen Satz auf diese Weise zu Papier gebracht habe, dauert es zu lange. Am Ende eines Satzes weiß ich schon nicht mehr, wie ich ihn angefangen habe. Deswegen schreibe ich die erste Fassung eines Textes mit der Hand, denn sie hat gelernt, schnell Buchstaben auf das Papier zu bringen. Dank meiner

Grundschullehrerin kann mein Gehirn meine Hand so steuern, dass dieser Satz auf dem Papier steht, mehr oder weniger leserlich.

Diese Fähigkeit habe ich erworben, sie macht mir keine größeren Schwierigkeiten. Unsere Hände sind Meister darin, Gelerntes schnell und effizient auszuführen. Sie müssen nicht lange darüber nachdenken. Wir alle wissen, wie mühevoll es am Anfang war, einen Buchstaben nach dem anderen zu schreiben. Unsere Hände üben gerne, ihnen macht es Spaß, verschieden Fähigkeiten zu beherrschen. Durch Übung wird die Verbindung zwischen Hand und Hirn trainiert. So sehr ich mich auch anstrenge, ich kann mich nicht wirklich dazwischenschalten. Sobald ich darüber nachdenke, störe ich die Hand-Hirn-Verbindung.

Ganz anders, wenn ich versuche, mit meiner großen Zehe einen Buchstaben zu malen. Malen ist dabei der richtige Ausdruck. Ich kann ihn mit meiner Zehe nur malen, aber nicht schreiben wie mit der Hand. Dabei muss ich mich konzentrieren und die Bewegung ganz bewusst ausführen. Mein Fuß hat nie gelernt zu schreiben, meine Hand schon.

Wir Menschen lernen gerne, nur haben wir das durch unsere Schulzeit ein wenig verdrängt. Schlechte Lernerfahrungen können uns einseitig geprägt haben und deswegen verbinden wir Lernen mit Zwang. In unserem Schulsystem muss der Kopf zu viel lernen und die Hand zu wenig. Holen wir das nach und legen nicht die Hände in den Schoß, auf die Tastatur oder wischen über irgendeinen Touchscreen.

Die zwei Mal 27 Knochen unserer beiden Hände können sich so bewegen, dass sie eine Seite umblättern, ein Wort schreiben, eine Schraube eindrehen oder einen Socken stricken können. Der Evolution waren unsere Hände wichtig, sonst hätte sie nicht so viele Knochen hineingesteckt. Ganz ehrlich, beim Rücken hat sie etwas gespart, denn da könnte man durchaus einen Extraknochen zur Stabilisierung gebrauchen. Unsere Hände hat sie perfekt hinbekommen. Deswegen sollten wir sie auch ausgiebig benutzen. Mit den Händen begreifen wir die Welt im wahrsten Sinne des Wortes.

Mit dem Hand-Werk schaffen wir unsere eigene Welt. Das aktive Gestalten gibt uns ein Gefühl von Sicherheit in der Welt und Verbindung mit ihr. Zwei wichtige Voraussetzungen, damit es uns gut geht. Wir leben viel lieber in einer *begriffenen* Welt. Dort fühlen wir uns wohl und geborgen, wir können wachsen, aufblühen und uns weiterentwickeln wie ein Baum, der tief in der Erde wurzelt. So verrückt das Welttheater uns auch erscheinen mag, *begreifen* wir die Welt um uns herum, fühlen wir uns wohl. Das Werk der Hände erdet uns und gibt uns Wurzeln, die den Stürmen des Lebens standhalten.

Das Handwerk hat unsere Hände geformt. Wir wollen handwerkliche Fähigkeiten erlernen und ausführen, das macht uns zum Menschen. Das ist mit dem Rest unseres Körpers nicht anders. Den Beinen geht es am besten, wenn sie regelmäßig ein gutes Stück laufen dürfen, denn dafür sind sie gemacht worden. Das sogenannte *Runner's High* belohnt den Läufer sogar dafür. Das Gleiche kann dem Hand-Werker und der Hand-Werkerin passieren. Wenn es *flutscht,* kommen wir in den *Flow.* Wir fühlen uns eins mit dem Material, mit dem Werkzeug und mit der Welt, wie sie uns augenblicklich entgegentritt. Im Hand-Werk begegnen wir der Welt auf einer ganz elementaren Ebene.

Immer, wenn wir ein Körperteil so einsetzen, wie es ursprünglich gedacht war, freut sich unser Körper und mit ihm das Gehirn und damit auch wir. Vernachlässigen wir die

Bedürfnisse unserer Körperteile, dann geht es uns physisch und psychisch nicht gut.

Unser Kopf will genauso gebraucht werden. Die kleinen grauen Zellen lieben es, wenn sie fleißig rattern dürfen. Deswegen lösen wir Kreuzworträtsel und freuen uns, wenn wir sie ohne Lücken fertigbekommen. Stundenlang grübeln wir über Sudokus nach, und befriedigt fügen wir die letzte Zahl in das richtige Kästchen. Ob das sinnvoll ist und uns in irgendeiner Form nützt, interessiert unser Gehirn nicht. Es hat das getan, wofür es da ist, und das macht ihm Spaß.

Ich persönlich schaffe es selten, ein Kreuzworträtsel zu lösen, weil mir der Nebenfluss der Elbe nie einfällt, und beim Sudoku scheitere ich daran, dass ich immer viel zu voreilig irgendwelche Zahlen hineinschreibe, und am Ende bräuchte ich entweder mehr Kästchen oder weniger Zahlen. Sollte ich dennoch wider Erwarten ein Sudoku schaffen, freue ich mich wie Bolle, knülle dann das Papier zusammen und werfe es weg. Das Werk des Gehirns ist vollbracht, und es ist damit kurzfristig zufrieden.

Dieses Belohnungssystem ist wichtig für uns. Es motiviert uns, und ein motivierter Mensch hatte nicht nur in grauer Vorzeit bessere Überlebenschancen als ein unmotivierter. Je mehr Fertigkeiten wir uns aneignen, desto größer ist unser Vorteil. Das hat unser Gehirn einfach so abgespeichert, und jede neue Fertigkeit belohnt es mit Freude und Glück. Wenn wir Neues erforschen, reagiert unser Gehirn mit einer Dopaminausschüttung. Die macht uns glücklich. Bei einem Hand-Werk erlernen wir viel Neues, sind vor neue Aufgaben gestellt und müssen kreative Lösungen finden. Ein Dopaminfeuerwerk in unserem Gehirn ist die Folge.

Heute brauchen wir nicht mehr so viele Kenntnisse und Fähigkeiten wie früher, um zu überleben. Statt ein Mammut zu erlegen reicht es, einen Einkaufswagen durch den Supermarkt zu schieben und an der Kasse alles der Reihe nach auf das Band zu legen. Viel Belohnung bekommen wir dafür von unserem Gehirn nicht. Denn das sind sehr einfache Fähigkeiten, und darüber freut sich unser Gehirn nur mäßig. Der Anblick einer Tetrapackung Milch im Einkaufswagen ist im Vergleich zum eigenhändig erlegten Mammut nicht wirklich prickelnd.

Sind wir hingegen auf Schnäppchenjagd, und ergattern wir

ein stark reduziertes Teil, weil wir es schneller als die anderen aus dem Wühltisch gezogen haben, dann werden wir durchaus mit Freude und Glück belohnt. Darum gibt es so viele angebliche Schnäppchen, weil wir in unserem Herzen immer noch Jäger und Sammler sind. Unser Gehirn belohnt uns für das Schnappen nach dem Schnäppchen und nicht, weil wir dieses Teil wirklich bräuchten. Hier treffen Jagdinstinkt und Sammelleidenschaft aufeinander. Leider währt das Glücksgefühl nur kurz, denn es befriedigt nur oberflächliche Leidenschaften und geht nicht in die Tiefe. Ähnlich wie beim Kreuzworträtsellösen wird nur ein sehr flüchtiges positives Gefühl erzeugt.

Im Umkehrschluss gilt, je größer die Sinnhaftigkeit unseres Tuns, desto länger hält das gute Gefühl an. Wenn wir mit den Händen arbeiten, sehen wir das, was dabei entsteht direkt vor uns. Unser Tun wird unmittelbar sichtbar, und damit steigt die Sinnhaftigkeit dessen, was wir machen. Das Erfolgserlebnis bekommen wir sichtbar mitgeliefert. In unserer modernen Arbeitswelt hingegen sehen wir nicht immer gleich das Produkt unserer Arbeit. Durch Arbeitsteilung sind wir ein Teil eines großen Ablaufes, das sprichwörtliche Rädchen im System. Der Sinn unseres Tuns erschließt sich uns nur indirekt und abstrakt. Das zu *begreifen* fällt uns schwer. Der Erfolg unseres Tuns zeigt sich losgelöst von der Tätigkeit meistens nur am Monatsende auf dem Bankkonto. Das ist gut und hilfreich, nur für uns Menschen als alleiniges Erfolgserlebnis zu wenig. Wir brauchen handfeste Tatsachen.

Geben wir unserem Gehirn wieder die Chance, sich über das, was wir mit unseren Händen machen, richtig zu freuen. Es ist ganz gierig darauf, Neues zu lernen. Denn unser Gehirn ist ein klasse Kumpel, ein *best buddy,* ein feiner Kerl. Es will, dass es uns gut geht, dass wir alles an und in uns so gebrauchen, wie es ursprünglich gedacht war. Dann freut es sich und macht uns glücklich. Glück kommt von innen heraus. Es hat nichts mit der Außenwelt zu tun. Dort nach dem Glück zu suchen ist sinnlos. Es sind nur Spiegelbilder von Glück, die uns dort wie in einem Panoptikum begegnen. Sie sind verzerrt, hohl und schmecken schal. Das ist Instant-Glück aus der Retorte, das künstlich erzeugt mit unseren Emotionen spielt. Zurück bleibt das ungute Gefühl, einem Schwindel aufgesessen zu sein. Das vorgeblich Echte hat sich als falsch erwiesen. Anstatt sich von diesem Glückssurrogat abzuwenden, probieren wir es immer wieder aus in der Hoffnung, irgendwann einmal das große Glück zu erleben. Echtes Glück werden wir auf diese Weise nicht finden.

Wir können warten, dass wir irgendwann einmal zufällig glücklich werden, das kann manchmal lange dauern. Oder wir provozieren das Glück und holen es uns einfach, weil es die ganze Zeit in uns gesteckt hat. Es will herausgelockt werden durch bereicherndes Tun. Das ist nicht immer bequem, es kostet Kraft und Disziplin. Dafür ist dieses Glück stabil, erfüllend und echt. Wir müssen nur unsere Hände zu unseren Komplizen machen. In diesen 27 Knochen steckt so viel, auch das Glück.

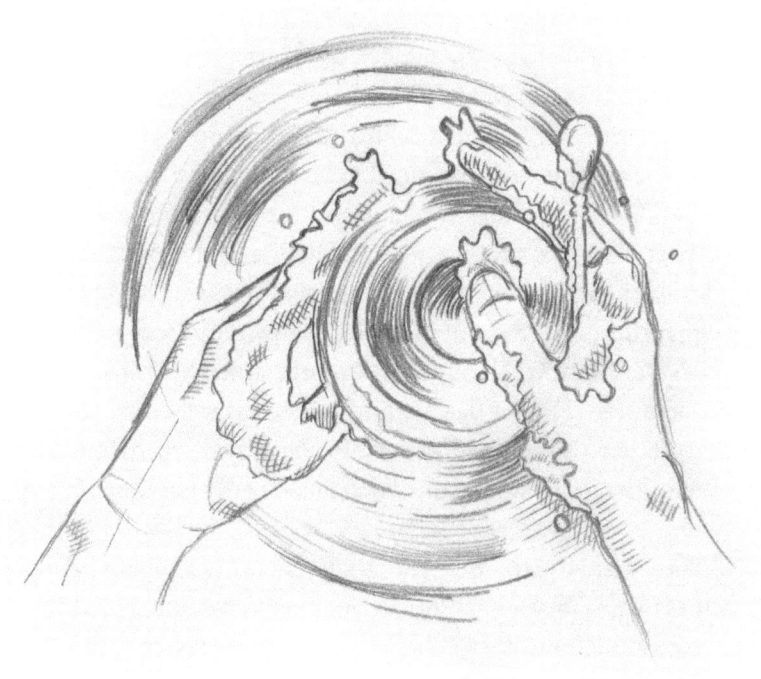

MATERIAL BITTE!

Ein Blatt Papier hat jeder zu Hause. Eine Tube Kleber, die noch
nicht eingetrocknet ist, wird sich auch noch finden und eine
Schere versteckt sich in irgendeiner Schublade. Damit hat
man eine brauchbare Grundausrüstung zusammen. Mit diesen drei Zutaten könnte man ein Leben lang arbeiten, basteln und experimentieren und würde doch nie die gesamten
Möglichkeiten, die sie bieten, ausschöpfen können. Mehr an

Material braucht es nicht, um mit seinen Händen Schönes herzustellen. Fangen Sie einfach an. Halbieren Sie die Seite, falten Sie sie in der Mitte, und schon haben Sie das Ausgangsprodukt für eine Gratulationskarte. Schneiden Sie aus dem restlichen Papier die Buchstaben für *Happy Birthday* aus, kleben Sie sie auf, und schon haben Sie sich nicht nur Geld gespart, sondern auch eine einfache, dennoch persönliche Karte für das Geburtstagskind geschaffen. Das können Sie nun variieren, Farbe mit ins Spiel bringen und was weiß ich noch alles. Einmal angefangen, kommt Ihnen eine Idee nach der anderen. Das ist das Verblüffende, unser Gehirn spinnt den Faden weiter, und ehe Sie sichs versehen, haben Sie einen Vorrat an Glückwunschkarten, der die nächsten Jahre reicht.

Papier ist ein faszinierendes Material, und vor allem haben wir es in großen Mengen zur Verfügung. Verpackungskartons, Anzeigenblätter oder auch die Tageszeitung lassen sich wiederverwenden. Aus Werbesprüchen kann man eine witzige Collage für die beste Freundin herstellen, einen Papierflieger aus den Börsennotizen gefaltet, soll dem Banker einen guten Flug durch die Börsenturbulenzen wünschen oder schneiden Sie teure Diamantringe aus den Zeitschriften aus, und schenken Sie sie in einem kleinen Kästchen Ihrer Verlobten mit dem Hinweis: Der wertvollste Diamant für mich bist du!

Meine Frau und ich waren gerade frisch in unsere erste gemeinsame Wohnung gezogen und sehr kurz vor Weihnachten kam unser erstes Kind zur Welt. Wir waren mit allem anderen beschäftigt, als an einen Weihnachtsbaum zu denken. Das stand am 24. Dezember unser Vermieter mit einem kleinen Tannenbaum vor der Tür. Er fand, ohne Baum wäre es kein richtiges Fest. Ein Kochtopf mit ein paar Steinen gefüllt diente als Christbaumständer, doch hatten wir absolut nichts, mit was wir ihn hätten schmücken können. Kurzerhand schnitt ich aus allem Papier, was ich fand, Sterne aus, und die steckte ich zwischen die Zweige. Lustig sah der improvisierte Christbaum aus. Heute finden sich in unseren Schachteln mit dem Christbaumschmuck immer noch ein paar der Papiersterne, und einer steckt jedes Jahr wieder an einem Zweig. Ein wenig Nostalgie schwingt dabei mit, denn das Kind ist inzwischen erwachsen, und so viele Christbäume haben wir seitdem »ordentlich« geschmückt. Aber an diesen ersten Baum erinnern wir uns immer.

Papier ist ein faszinierendes Material. Es gibt es in allen Farben, allen Stärken, allen Größen. Glatt oder rau, hart oder weich. Einmal geknickt, bekommt man Papier nie wieder ganz glatt. Wer kennt das nicht noch aus dem Zeichenunterricht. Man radiert einen falschen Strich weg, drückt zu fest auf und schon knittert das Blatt. Papier verzeiht nichts, und dennoch ist so viel mit ihm möglich. Das allgegenwärtige Papier, trotz fortschreitender Digitalisierung, sehen wir gerne nur als Hilfsmittel. So selbstverständlich ist es uns geworden. Aber Papier ist mehr.

Wir kommen als unbeschriebenes Blatt auf die Welt – weiß und rein, unbefleckt und ungebraucht. Tatsächlich kann ein weißes Blatt Papier Ausdruck für etwas Perfektes sein. Das lähmte schon viele Schriftsteller, und sie saßen voll Angst vor der weißen Fläche. Das erste Wort oder den ersten Strich wagen, damit ist der Anfang gemacht. Das blendende Weiß ist gestört, nach und nach nimmt der Autor oder die Autorin, der Maler oder die Malerin das Papier in Besitz, füllt Zeile für Zeile, setzt Strich an Strich. Papier steckt voller Poesie, ist biegsam und verletzlich und gleichzeitig kann sein Rand messerscharf sein. Warum also nicht seine Hände ein wenig mit diesem Material spielen lassen, es erforschen, es wie ein Wissenschaftler untersuchen, sehen, was möglich ist und was nicht. Unsere Hände sind dieses Alltagsmaterial gewöhnt. Schnell wird man feststellen, dass es alles andere als alltäglich ist.

Die Schere ist eines der wichtigsten Werkzeuge, um Papier zu bearbeiten. Eine Haushaltsschere ist ein guter Anfang und reicht für vieles aus. Nur sollten Sie nie mit einer Stoffschere Papier schneiden. Die würde sofort stumpf werden, die Papierfasern sind viel zu hart für sie. Ich werde den Entsetzensschrei meiner Mutter nie vergessen, als ich mal unbedarft mit ihrer Schneiderschere einen Bastelbogen zerschneiden wollte. So ein Erlebnis prägt einen. Genauso einschneidend waren die Ausführungen meiner Grundschullehrerin, wie herum man eine Schere richtig hält. Ich war gerade in die dritte Klasse gekommen, und in Werken durften wir jetzt die spitzen Scheren benutzen, nicht mehr die stumpfen Kleinkinderscheren. Die Lehrerin erklärte, dass die gerade Scherenseite nach unten gehört und die gebogene Seite nach oben, damit man ordentlich schneiden kann. Das war für mich als Achtjährigen ein richtiges Aha-Erlebnis, das ich heute noch ganz deutlich in Erinnerung habe. Bis dahin hatte ich nie darauf geachtet, dass sie unterschiedliche Seiten besitzt. Seit diesem Tag muss ich eine Schere einfach richtig herum halten, sonst kann ich nicht schneiden, weil ich das Gefühl habe, es nicht richtig zu machen. Das ist wie nicht angeschnallt Auto zu fahren. Das fühlt sich einfach falsch an.

Genauso Grundsätzliches habe ich gelernt, als mein Vater mit mir einen Bastelsatz zusammengebaut hat. Ich war da-

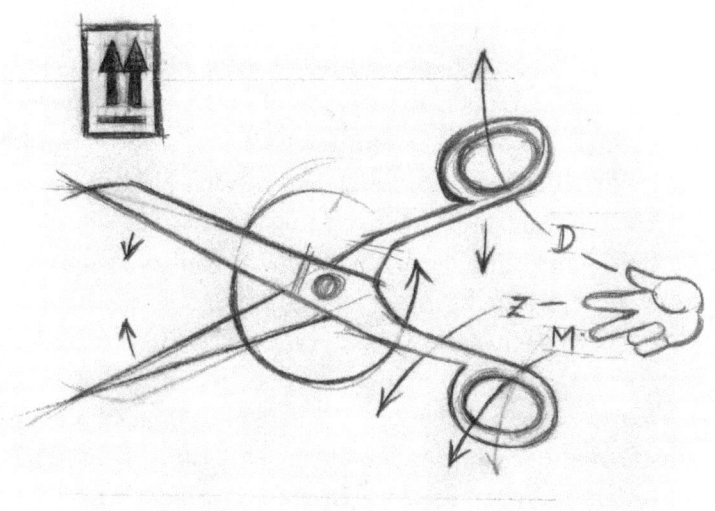

mals ein eifriger Micky-Maus-Leser, und einige Ausgaben lang gab es in der Mitte des Heftes einen Bastelsatz aus dickerem Papier, mit dem man eine Burg zusammenbauen konnte. Dazu musste man die Heftklammern in der Mitte aufbiegen, nicht einfach herausreißen, das machte zu viel kaputt. Das allein war ein gute Lernerfahrung. Mit der Schere vorsichtig unter die Klammern fahren und sie nach oben biegen. Eine Übung, die einem Achtjährigen, der lieber schnell drauflosbasteln wollte, viel motorisches Geschick und Konzentration abverlangte. Danach mussten die einzelnen Teile ausgeschnitten werden. Sie waren nicht vorgestanzt und hatten keine Perforation. Teil für Teil galt es, sauber an den Rändern entlang auszuschneiden. Die Burgmauern waren am einfachsten, da es nur gerade Kanten gab. Aufpassen musste ich nur, nicht die Klebelaschen mit abzuschneiden. Bei ein paar hatte ich das nämlich getan, bis mein Vater mir zeigte, warum die so wichtig waren.

Eine richtige Burg hat natürlich Türme. Die waren rund, und ich erinnere mich an diese komischen Gebilde, die später einmal die Turmdächer bilden sollten. Ich konnte mir nicht vorstellen, wie aus diesen halbrunden Flächen einmal ein Dach entstehen sollte. Es war fast ein wenig wie Magie, als mein Vater eines der Dachteile nahm und es zusammenrollte, bis ein kegelförmiges Dach entstand. Das hatte mich schwer beeindruckt. Schwer genervt hingegen haben die Teile der Türme. Denn sie besaßen an den Enden Klebelaschen aus lauter kleinen Dreiecken, die man einzeln ausschneiden musste, damit sie am runden Turme eine runde Klebefläche für unten und oben ergaben. In meiner Erinnerung saß ich stundenlang da und haben diese blöden Dreiecke ausgeschnitten. Wahrscheinlicher ist aber, dass mein Vater den größten Teil davon gemacht hat. Aber egal, das war die nächste, tiefgreifende Lernerfahrung. Wer eine Micky-Maus-Burg haben möchte, braucht Geduld.

Genau an einer Kante entlang zu schneiden erforderte Konzentration, und manchmal musste man sich an die Regeln halten (Klebelaschen nicht abschneiden), auch wenn man zuerst nicht genau überblickt, warum das sein muss. Ich konnte mir nicht vorstellen, dass in den vielen Einzelteilen die ganze Burg steckte. Nach und nach klebten wir alles zusammen, und siehe da, die Grundmauern standen, die Zugbrücke wurde eingebaut und die Türme angeklebt. Damals gab es noch richtig nach Lösungsmittel riechenden Kleber, der nicht mehr aufhörte, aus der Aluminiumtube zu quellen, wenn man hinten zu fest draufgedrückt hatte. Das Gefühl von an den Fingern getrocknetem Kleber, den man herunterknibbeln konnte, würde ich als Kindheitsglück bezeichnen. Mein Vater strich den Kleber auf die Klebelaschen, und ich musste die Teile so lange zusammendrücken, bis sie hielten. Das war für einen zappeligen Jungen eine richtige Herausforderung. Dann war die Burg fertig. Stolz zeigte ich sie allen, und sie wurde gebührend bewundert. Die Dreidimensionalität der Burg faszinierte mich. Von allen Seiten und Blickwinkeln konnte ich sie stundenlang betrachten und die Ritter bei ihren Kämpfen über die Zinnen toben sehen.

Das Entscheidende, das ich damals gelernt habe, war, dass das Machen am meisten Spaß gemacht hat. Es war ein ganz besonderes Erlebnis, mit meinem Vater abends, wenn er vom Büro heimkam, am Küchentisch die Burg zusammen zu bauen. Dabei habe ich fast alles Grundsätzliche gelernt, was ich bei meinen späteren Projekten an Fertigkeiten gebraucht habe. Das kindliche Glücksgefühl beim Machen ist mir bis heute geblieben. Ich weiß nicht, ob es heute noch Bastelbögen in den Micky-Maus-Heften gibt. Ich hoffe es, denn vieles, was im Leben wichtig ist, lässt sich damit einüben und erlernen. Vielleicht am Wichtigsten dabei: Vertrauen in die eigenen Hände zu entwickeln.

Meine Bastelkarriere schritt fort. Modellbauautos bildeten die nächste Stufe. Ich muss gestehen, dass mich Autos heute und auch als Kind nicht die Bohne interessierten. Ich baute sie nur gerne zusammen. Zuerst mussten die einzelnen Plastikbauteile aus den Stanzrahmen herausgeschnitten werden. Die Teile hingen an kleinen Plastikstegen, die manchmal schwer zu durchschneiden waren. Das Material hatte seine ganz besonderen Eigenschaften. Es war spröde und brach schnell aus. Die Aufbauanleitung musste genau studiert werden, denn später konnte man das Steuerrad nicht mehr festkleben, wenn die Karosserie schon geschlossen war. Aber aus Erfahrung wird man ja bekanntlich klug. Der

Plastikkleber roch noch intensiver als der Papierkleber und wurde in einer kleinen Tube geliefert, an der eine dünne Metallröhre angebracht war, um den Kleber punktgenau auftragen zu können. Bei mir war das meistens alles andere als eine Punktlandung. Gerade bei der Frontscheibe durfte man nicht zu viel Kleber auftragen, sonst verschmierte man damit die Scheibe, und dann sah das ganze Auto blöd aus. War das Auto fertig gebaut, bekam es einen Platz im Regal zugewiesen oder es wurde Opfer eines Experiments: Was passiert mit einem Modellauto, wenn es vom ersten Stock auf den Asphalt kracht? Das war ein sehr informatives und sehr befriedigendes Experiment.

Die nächste Steigerung waren die kleinen Häuser für Modellbaueisenbahnen. Auch wenn ich selbst keine Eisenbahn hatte, liebte ich es dennoch, die Häuser zusammenzubauen. Dafür sparte ich lange mein Taschengeld, und der *Faller*-Katalog, das ist, für alle Nichteingeweihten, die Firma, die die Bausätze herstellt, war meine Bibel. Selbst wenn ich angesichts

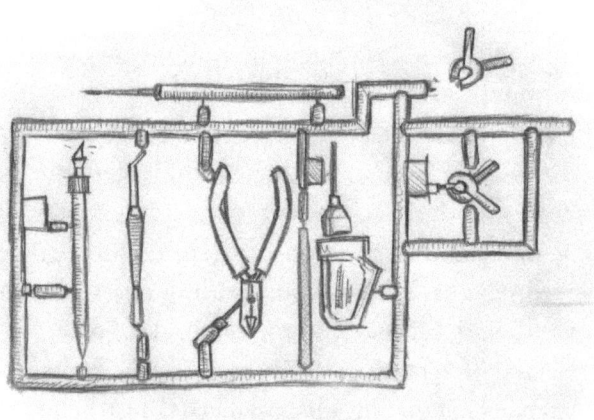

der nicht vorhandenen Eisenbahn hinterher keine Verwendung für die Häuser hatte, so war es wieder das Bauen an sich, das mir Spaß machte. Außerdem liebte ich es, mich in die kleinen, von mir aufgebauten Welten hineinzuträumen, anstatt Lateinkonjugationen zu lernen. Vielleicht erste Anzeichen dafür, dass ich mir in meinem späteren Leben einmal gerne Geschichten ausdenken würde.

Sich an verschiedene Materialien heranzutasten, Erfahrungen mit ihnen zu sammeln und daraus zu lernen, all das gehörte zu den Grundlagen, die ich mir beim Basteln erarbeitete. Denn bei Materialien, so verschieden sie sind, gibt es dennoch Gemeinsamkeiten.

Man muss das Material respektieren. Geknicktes Papier bekommt man nicht wieder glatt, gebrochenes Plastik lässt sich nicht mehr kleben und mit Kleber verschmierte Fensterscheiben werden nicht mehr sauber. Darin sind sich alle Materialien gleich. Sie geben die Regeln vor, an die wir uns halten müssen. Es verlangt einen anderen Umgang, einen luftigen Seidenstoff zuzuschneiden als einen dicken Baumwollstoff. Das Material hat uns in der Hand. Wir ordnen uns ihm demütig unter. Dazu müssen wir uns mit ihm vertraut machen. Nur wenn wir seine Eigenheiten kennen, können wir sie respektieren. Ein Hefeteig verzeiht den falschen Umgang nicht und bleibt schmollend als fester Klumpen in der Backschüssel kleben.

Jedes Material hat seine gutmütigen Seiten, wo es falschen Umgang toleriert. Da kann man es drücken und quetschen, stauchen oder in die Länge ziehen, um es passend zu machen. Nur empfiehlt es sich, seine Gutmütigkeit nicht überzustrapazieren. Dann zeigt das Material beleidigt, dass man so nicht mit ihm umspringen darf. Ton ist zum Beispiel ein sehr geduldiges Material, das vieles mit sich machen lässt. Nur wenn es ums Brennen geht, wird er plötzlich zur Diva. Ihm darf es nicht zu heiß, aber auch nicht zu kalt werden, die Temperatur muss genau passen, und nach dem Brennen braucht er Ewigkeiten, um abzukühlen. Mit Ton kann man alles machen, nur kann man nicht alles brennen. Das ist eine materiale Eigenheit des Tons. Nicht alles, was man formen kann, lässt sich auch brennen. Als Anfänger fällt es schwer einzusehen, warum das Brennen beim Töpfern das eingrenzende Kriterium ist.

Egal welches es auch ist, jedes Material schreibt seine eigenen Gesetze.

Demut vor dem Material heißt aber nicht, dass man sich ihm sklavisch unterwerfen muss. Ganz im Gegenteil, gerade an die Grenzen des Materials zu gehen, darin liegt ein herausfordernder Reiz. Dabei besteht kein Unterschied, ob ich einen Mürbeteig knete oder Eisen schmiede. Die Herangehensweise ist gleich. Von den bekannten Eigenheiten ausgehend, werden neue Wege ausprobiert. Unsere Hände nehmen die Herausforderung an: Wie dünn kann ich den Teig ausrollen, wie dünn kann ich eine Klinge schmieden? Manchmal muss man dabei scheitern, die dabei gesammelte Erfahrung bringt uns weiter. Ein Strudelteig muss bekanntermaßen so dünn ausgerollt werden, dass man durch ihn einen Liebesbrief lesen kann. Ein Samuraischwert muss so scharf sein, dass ein auf dem Wasser treibendes Blatt allein durch die Strömung durchgeschnitten wird. Das sind vielleicht extreme Beispiele, aber sie zeigen an, was es heißt, mit dem Material an die Grenzen zu gehen.

Mit welchem Material man auch arbeitet, man sollte es sich zum Freund und nicht zum Feind machen – nicht gegen es,

sondern mit ihm arbeiten. Spielen wir mit dem Material, und es wird unser bester Freund. Zeigen wir ihm Achtung und Verständnis.

Egal mit welchen Materialien man arbeitet, es sollten gute Materialien sein. Nun ist *gut* ein sehr schwammiger Begriff. Zunächst muss es für das Vorhaben passendes Material sein. Wenn man Socken stricken möchte, darf die Wolle nicht zu dick sein, sonst passt der Träger oder die Trägerin nicht mehr in die Schuhe, weil die Füße zwei Nummern größer geworden sind. Socken werden sehr beansprucht, sie tragen den ganzen Tag unser ganzes Gewicht, dazu kommt die Reibung im Schuh. Hier gilt es abzuwägen zwischen warmer Wolle oder haltbareren Synthetikmaterialien. Ich würde natürlichen Materialien immer den Vorzug geben, außer es gäbe gute Argumente für die Verwendung von künstlichen Materialien. Wenn ich mit meinen Händen arbeite, dann soll es auch für meine Hände angenehm sein, die Materialien zu berühren. Natürliche Materialien sind wir als Menschen seit langer, langer Zeit gewohnt. Darum hantieren wir gerne mit ihnen – es besteht eine Vertrautheit, die wir von unseren Vorfahren geerbt haben.

Einfache Materialien lassen sich vielfältiger anwenden. Aus dem Einfachen erwächst das Vielfältige. Einfache Materialien bestehen aus nur wenigen Zutaten: Holz, Papier, Stroh, Schafwolle. In der Einfachheit stecken die meisten Möglichkeiten. Wenn man die Wahl hat, sollte man zuerst das Einfache in Betracht ziehen.

Unsere Hände beschäftigen sich gerne mit schönen Materialien. Wer einen Pullover strickt und dafür eine grausige Acrylwolle verwendet, bringt sich selbst um ein angenehmes, befriedigendes Gefühl. Das haptische Erlebnis ist ein wichtiger Teil der Handarbeit. Wir streicheln das Material, wir umspielen es mit unseren Fingern, und manchmal liebkosen wir es, als wäre es ein geliebter Mensch. Das intensive Sinneserlebnis bereichert uns. Durch die Beziehung zwischen dem Material und uns als Menschen erfahren wir viel über uns selbst. Das Material wird zu einem Gegenüber, der uns einen Spiegel vorhält und uns zeigt, wie es uns geht. An manchen Tagen will rein gar nichts klappen. Der Sauerteig geht nicht auf, das Holz spreißelt und die Maschen fallen nur so von der Nadel. Untrügliche Zeichen dafür, dass wir nicht den besten Tag haben. Das Material wird zum Zen-Lehrer, einem weisen Meister, der uns zu Bedachtsamkeit, Achtsamkeit und Gelassenheit erzieht. Es hat seine eigene Stimme, mit der es zu uns spricht. Wir müssen sie in der lauten Welt nur hören.

Gutes Material zu schätzen, kommt nicht von alleine. Die verschiedenen Stoffe mit ihren Vorteilen und Nachteilen müssen wir direkt und unmittelbar erfahren, indem wir sie angreifen, an ihnen riechen, an ihnen schmecken und sie anschauen. Manchmal brauchen wir fachlichen Rat, warum manches Material besser zu unserem Vorhaben passt als ein anderes. Hört sich nach Arbeit an? Das tut es. Hand-Werk ist Arbeit, macht Arbeit, ist nicht einfach und fordert uns heraus. Genau das wollen wir! Denn das bedeutet, richtig zu leben.

Es gibt Materialien, die sind genau passend für ein Vorhaben, aber sie sind alles andere als nachhaltig und ökologisch. Das hängt von der persönlichen Einstellung ab, zum Zustand der Welt und wie man mit ihren Ressourcen umgehen soll. Eine Zeit lang habe ich Betonschalen hergestellt, sie innen mit Gold, Silber und Kupfer ausgekleidet. Ich mag nämlich Beton, und ich finde wirklich, es kommt darauf an, was man daraus macht, um einen Werbespruch aus meiner Jugend zu zitieren, der hinten auf den Betonmischern stand. Nachdenklich bin ich geworden, als ich erfuhr, dass Beton bei seiner Herstellung ein großer Klimakiller ist. Nun habe ich wirklich nicht viel Beton verbraucht, trotzdem bin ich ins Grübeln gekommen. Aus Gips lassen sich die Schalen ebenso herstellen, das Ergebnis ist ein wenig anders. Gips ist weich und weiß, Beton ist grau und hart, trotzdem hat er gerade wegen seiner Brutalität eine faszinierende Ausstrahlung. Ich bin in diesem Fall noch nicht zu einem endgültigen Schluss gekommen. In diesen Fragen gibt es vielleicht auch kein Richtig oder Falsch, sondern nur den Versuch, es gut zu machen. Ich habe beschlossen, den Zement, den ich noch vorrätig habe, aufzubrauchen und danach zu entscheiden, ob ich neuen anschaffe oder nicht. Man kann einwenden, dass mein Betonverbrauch verschwindend gering ist, da er sich auf einen Fünf-Kilogramm-Sack Zement im Jahr beschränkt. Trotzdem geht es hier auch ums Prinzip. Vergleichbar ist das Wollproblem. Verwende ich Schafwolle oder lehne ich es aus tierschützerischen Gründen ab? Das sind Fragen, die jeder selbst entscheiden muss. Nur darüber nachdenken sollte man, und diese Fragen nicht als lächerlich und überzogen abtun.

Glück entsteht nur, wenn wir im Einklang mit uns selbst und mit unserer Umwelt sind. Gegen uns und gegen unsere Umwelt zu arbeiten, deren Teil wir sind, macht auf Dauer unglücklich. Wir sind soziale Wesen, und die Welt ist genauso ein Material, das wir gut und pfleglich behandeln sollten.

Gute Qualität hat ihren Preis. Das lässt sich nicht leugnen und soll gar nicht verheimlicht werden. Doch der höhere Preis für gutes Material gleicht sich durch die Freude, die wir mit seinem Umgang haben, aus. Zudem ist es meistens langlebiger und nachhaltiger. Einen selbst gestrickten Wollpullover kann man praktisch sein Leben lang tragen und gegebenenfalls leicht reparieren und flicken. Ein Holzzaun aus Lärche hält um Jahre länger als ein billigerer Zaun aus Fichte.

Folgende Punkte können wir bei der Materialauswahl in Erwägung ziehen:

- Haltbarkeit
- für das Projekt geeignet
- ökologische Nachhaltigkeit
- Schönheit
- Preis
- Prestige
- Verfügbarkeit

- unsere Erfahrung mit dem Material
- Reiz des Neuen
- Empfehlungen

Geld spielt eine Rolle. Kauft man Stoff für ein Nähprojekt ein, dann ist man überrascht, wie teuer der Stoff ist. Für den reinen Materialwert bekommt man in einem Geschäft das schon fertige Kleidungsstück, in gewissen Geschäften sogar zwei oder drei. Genau das ist der Punkt, an dem wir umdenken müssen. Nähe ich mir ein Kleidungsstück, dann kann man und darf man es nicht mit gekauften Stücken vergleichen. Bei der längeren Lebensdauer, der größeren Freude und dem Stolz amortisiert sich die Investition am Ende. Hand-Werk lässt sich nicht in einen Preis umrechnen, denn es ist unbezahlbar.

Mein Ratschlag ist, sparsam in das richtige Material zu investieren. Ich darf nicht verschweigen, dass man auch Lehrgeld bezahlen muss oder dass mit einem manchmal der Gaul durchgeht und man in einen Materialrausch gerät und viel mehr nach Hause bringt, als man eigentlich bräuchte. Dafür haben Sie mein volles Verständnis.

Ich liebe Material. Ich liebe schönes Material. Ich liebe gutes Material. Ich liebe verschiedenes Material. Ich liebe die unendlichen Möglichkeiten, die im Material liegen. Es ist atemberaubend, wenn man sich vorstellt, was alles daraus hergestellt werden kann. Bei Material kann man schon mal schwach werden.

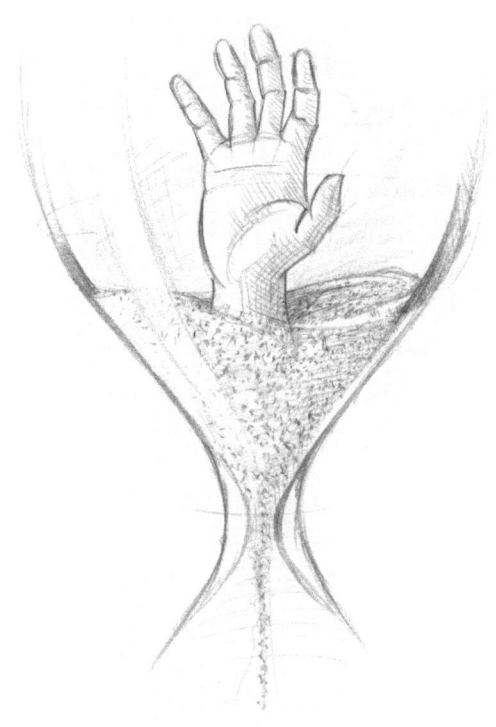

VOM MACHEN IN
EINER HEKTISCHEN ZEIT

Reden wir nicht um den heißen Brei herum. Wir haben keine Zeit! Wann wollen wir denn noch irgendetwas zusätzlich machen? Zum Beispiel Brot backen? Wir kommen doch jetzt schon nicht mit unserer Zeit aus, oder? Die Tage fliegen vorbei, und immer bleibt etwas liegen. Jeder will etwas von uns, wir haben Mühe, allen gerecht zu werden, und fühlen uns am

Ende gestresst! Beruf, Familie, Alltag – die täglichen 24 Stunden sind dafür viel zu wenig. Termine drücken im Kalender, und wir hetzen durchs Leben, den Blick auf die ständig tickende Uhr gerichtet.

Ich bin sicher, Ihnen geht es da nicht anders als mir. Was waren früher als Kind die Tage noch lang. Eine Woche erschien uns eine Ewigkeit. Heute rast sie vorbei, als säße sie in einem Rennwagen.

Zeit ist zum Luxusgut geworden. Was eigentlich komisch ist, denn wir besitzen so viele Geräte, die uns Zeit ersparen, dass wir in Zeit nur so schwimmen müssten. Nehmen wir nur einmal die Waschmaschine. Stellen wir uns vor, wir müssten wie früher am wöchentlichen Waschtag alle Wäsche im Kessel auskochen, durch die Mangel drehen und dann auf lange Leinen zum Trocknen aufhängen. Heute fühlen wir uns trotz Waschmaschine oft wie durch die Mangel gedreht, ganz ohne Wäsche. Wir haben so viele Helfer, und trotzdem scheinen sie nicht zu helfen. Da drängt sich die Frage auf, liegt es an uns oder an den Helfern?

Unser Leben ist ein anderes als noch vor 60 Jahren. Im Keller meiner Großeltern stand noch der große Waschbottich, der unten befeuert werden musste, und die Mangel, an der ich als Kind gerne drehte. Diese Zeiten sind vorbei. Unser Lebensrhythmus ist schneller geworden. Die Termine sind eng getaktet, die Anforderungen im Beruf gestiegen und unser Freizeitverhalten hat sich grundlegend gewandelt. Wer von uns hat nicht schon gestöhnt: »Ich habe keine Zeit, ich bin so im Stress!« Und jetzt will ich auch noch von Ihnen, dass Sie etwas Zeitaufwendiges mit ihren Händen machen! Wie soll das gehen?

Wir haben keine Zeit, weil alle etwas von unserer wertvollen Zeit haben wollen. Unser Arbeitgeber, unsere Familie, unsere Freunde, ganz zu schweigen von Großtante Elvira, die sich am Sonntag zum Kaffee eingeladen hat. Wenn die mal sitzt, dann geht die nicht so schnell nicht wieder und stiehlt uns mit der detaillierten Beschreibung ihrer Gallenoperation unsere Zeit.

Es sind immer die anderen, die unser Zeitmanagement durcheinanderbringen, nicht wahr? Aber halt, seien wir einmal ehrlich. Die Großtante ist nicht wirklich schuld an unserem Zeitproblem. Wir sind es selbst. Es gibt Anforderungen von außen, die unsere Zeit in Anspruch nehmen, aber vieles ist hausgemacht. Oft genug suhlen wir uns in unserem Zeitproblem, denn es ist ein Statussymbol geworden, keine Zeit zu haben. Dadurch fühlen wir uns wichtig, von Nutzen und erfolgreich. »Ich habe keine Zeit!« wird zum Synonym von »Ich bin wichtig!«. Eine Diagnose, die uns bitter schmeckt. Aber wir sind ja auf der Suche nach dem Glück, und da muss man ehrlich mit sich selbst sein. Wenn wir Selbstbewusstsein und Bestätigung aus dem Mangel an Zeit ziehen, besteht die Gefahr, dass wir irgendwann abgehetzt feststellen müssen, dass wir im Grunde viel lieber aus etwas ganz anderem unsere bestätigenden Gefühle ziehen würden als aus dem uns wichtig machenden Stress.

Da wir gerade dabei sind, haue ich Ihnen (und mir genauso) gleich die nächste Vorhaltung um die Ohren. Wir schauen täglich 221 Minuten Fernsehen. Sagen Sie jetzt nicht, das müssen die anderen sein, ich schaue nie so lange. Das ist der Durchschnittswert für Deutschland, und der gilt natürlich nicht für jeden. Aber ganz ehrlich, Sie sind keine. Das sind 3,68 Stunden am Tag. So, und jetzt beginnen wir unsere Jammerei von wegen, wir hätten keine Zeit noch einmal von vorne. Rund drei Stunden am Tag schauen wir uns flimmernde

Bilder an. Könnten wir uns von dieser Zeit nicht etwas stehlen? Rund eine Stunde würde reichen. Mit dieser einen Stunde kann man so viel anfangen, das wesentlich schöner ist als der schönste Film. Man muss nicht alles sehen, was man im Fernsehen sehen kann. Das Wenigste bereichert, unterhält oder informiert uns. Dafür reichen gute zwei Stunden leicht! Fangen wir an, uns unsere Zeit zurückzuerobern. Wir wollen doch ganz schnell, einfach und billig glücklich werden.

Ach ja, im Internet surfen wir auch, und wie lange wir jeden Tag auf unser Smartphone starren, davon will ich gar nicht reden. Ich muss mich da an der eigenen Nase packen. In der Zeit, in der ich die letzten Sätze geschrieben habe, habe ich dreimal meine Mails gecheckt, habe ich mir die aktuellen Schlagzeilen angesehen und einen Bericht über eine mögliche Schwangerschaft im englischen Königshaus durchgelesen, obwohl mich das nur sehr, sehr am Rande interessiert. Diese Zeiten, ein paar Minuten nur, läppern sich im Laufe des Tages zusammen, und schwupps ist eine Stunde weg, die mir ganz persönlich nichts gebracht hat. Keine neuen Erkenntnisse, keine wichtigen Informationen, nicht einmal entspannend war das. Denn meine Haltung vor dem Computer hat sich nicht verändert, meine Schultern haben sich nicht gelockert und mein Kreuz wurde durch das Sitzen nicht entlastet. Also ganz ehrlich, wenn ich das nächste Mal behaupte, ich hätte keine Zeit, dann ohrfeige ich mich selbst für diese unverschämte Lüge. Statt sinnlos im Internet zu surfen hätte ich genauso gut aufstehen, mich strecken und dabei aus dem Fenster schauen können. Das hätte mich wirklich entspannt, bereichert und mir gutgetan.

Also überlegen wir uns beim nächsten Mal genau, ob wir wirklich keine Zeit haben. Die elektronischen Medien fressen schnell und heimlich unsere Lebenszeit weg. Im Gegenzug bekommen wir nur sehr wenig von ihnen. Das wissen wir im Grunde, und ich will uns auf keinen Fall den Spaß beim Umgang mit dem Fernsehen und den digitalen Medien nehmen. Nur genau das sollten sie machen: Spaß! Der kommt allerdings oft genug zu kurz, und wir surfen nur aus purer Gewohnheit und Bequemlichkeit durchs Internet oder zappen durch die vielen bunten Programme. Dabei können wir unser Tun aufs Beste begründen. Wir gaukeln uns Rechtfertigungen vor, warum wir die Zeit nicht sinnvoller, bereichernder, gesünder und uns glücklicher machend nutzen.

Wir meinen, wir hätten uns die Ablenkung durch die Medien als Belohnung für den Tag verdient. Nur ist das, was wir von den Medien präsentiert bekommen, wirklich lohnend? Hat es irgendeine Relevanz für mein Leben oder ist es nicht eher so, dass es sich für die Fernsehsender lohnt, dass ich ihre Programme und damit auch die Werbung anschaue? Ich bekomme keine Belohnung, ich werde zur Belohnung! Kein gutes Gefühl, wie ich meine.

Dann finden wir das, was uns durch die verschiedenen Medien präsentiert wird, einfach interessant. Genau betrachtet ist alles interessant. Vom Paarungsverhalten der Kammmolche bis zum neuesten Börsengang. Die ganze Welt ist interessant und alles, was in ihr stattfindet. Nur ist es für uns wirklich interessant in dem Sinn, dass es uns ganz persönlich bereichert und weiterbringt? Ändert sich durch diese Informationen etwas in meinem Leben? Wir müssen uns nicht für alles interessieren, nur weil es interessant ist. Die große Masse an Interessantem in den Medien überwältigt und überfordert uns. Kluges Haushalten und bedachtes Auswählen ist dabei gefragt.

Gleich verhält es sich mit der Unterhaltung. Auch hier rechtfertigt die Tatsache, dass etwas unterhaltend ist nicht, dass wir uns unbedingt unterhalten lassen müssen. Werden wir wählerisch, das haben wir uns verdient.

Die Argumentation, ich darf eine Sendung ansehen, weil sie interessant oder unterhaltend oder eine Belohnung sei, ist nicht richtig. Sie gleicht dem Argument, das schlussfolgert, nur weil etwas essbar ist, darf ich es essen. Würde ich diesem Argument folgen, wäre meine Gewichtszunahme enorm. Wir müssen uns fragen, ob es wirklich interessant, ob es lohnend oder unterhaltend für uns ganz persönlich ist. Wir müssen anfangen, beim Medienkonsum ganz egoistisch zu werden und nicht alles zu schlucken, was uns vorgesetzt wird. Durchschauen wir unsere internen Rechtfertigungsstrategien, dann wirken sie gar nicht mehr so stark. Vergessen wir nicht, es geht dabei um unsere Lebenszeit!

Zeitmanagement ist eine regelrechte Industrie geworden. Unzählige Ratgeber sind erschienen, Seminare werden angeboten und Coaches versprechen eine ganz persönliche Zeitoptimierung. Diverse Apps sollen uns mehr Zeit verschaffen und Ordnung in unser Leben bringen. Das kann man natürlich alles lesen, besuchen oder herunterladen. Mehr Zeit wird man trotzdem nicht haben. Wir bekommen nur

24 Stunden geschenkt, Tag für Tag. All die schicken Ratgeber mit ihren Regeln, die teuren Seminare und kostenpflichtigen Apps haben ihre Berechtigung und über jeden, dem sie helfen, ein besseres Leben zu führen, sollte man sich freuen.

Doch ich kann eine ganz billige Alternative anbieten, wie Sie mehr Zeit bekommen, die sie glücklich machen wird. Ich habe den Zeit-Code geknackt, das Geheimnis schier unbegrenzter Zeit entdeckt und die Zeit-Dimension gesprengt. Diese Regel wird ihr Leben verändern!

Also aufgepasst, Trommelwirbel und Tusch! Hier kommt meine Goldene-Zeit-Regel:

Was du heute kannst besorgen, das verschiebe nicht auf morgen.

Ich kann die Enttäuschung in ihren Augen lesen. Mit diesem ollen Kalenderspruch will ich Sie abspeisen? Die Regel klingt Ihnen zu banal und überhaupt nicht sexy? Tut mir leid, die wirklich wahren Dinge sind meistens ganz einfach.

Machen wir einfach mal ein paar Tage lang einen Versuch. Es kostet nichts, und zu verlieren haben wir auch nichts. Lassen Sie sich von seiner Wirkung überraschen. Am besten, wir schreiben uns den Spruch auf ein Stück Papier als Erinnerung, und jedes Mal in den folgenden Tagen, wenn wir denken: Ach, das mache ich später, lesen wir ihn und befolgen ihn dann. Ganz einfach überprüfen, ob ich das, was ansteht, jetzt gleich machen kann. Wenn ja, dann mache ich es. Wenn nein, plane ich in den nächsten Tagen genügend Zeit dafür ein. Manches kann man erst morgen machen. Zum Beispiel kann man am Sonntag nicht einkaufen. Aber man kann schon mal in Ruhe eine Einkaufsliste schreiben und nicht in aller Hektik Montagmorgen vor der Arbeit, wo wir wahrscheinlich die Hälfte vergessen. Bei größeren Unternehmungen kann ich die einzelnen Schritte planen, die ich nacheinander abarbeiten werde, und dabei mit dem ersten gleich anfangen.

Was kann ich heute noch besorgen?

Diese Frage sollte einem täglich durch den Kopf gehen. Man kann geradezu süchtig werden, alles Unerledigte endlich zu erledigen. Warum? Weil es uns glücklich macht. Das Gefühl, etwas erledigt zu haben, ist sehr befriedigend. Wir alle kennen die lange Liste unerledigter Aufgaben, die uns, wenn wir daran denken, mit schlechtem Gewissen und Bauchgrimmen erfüllt. Im Erfinden von Ausreden sind wir spitze. Jeder Grund, auch wenn es kein vernünftiger ist – so ticken wir nun mal –, ist uns recht, nur damit wir unser schlechtes Gewissen beruhigen. Wir wissen alle, wie gut das funktioniert, nur glücklich macht es uns nicht. Darum machen wir uns ab sofort ganz aktiv glücklich. Ohne großen Aufwand. Warten wir nicht auf den nächsten Urlaub, das nächste Event oder den Lottogewinn. Beginnen wir mit dem Glück gleich hier auf der Stelle, mitten im Alltag.

Die nächsten Tage werden wir ein wenig mehr machen als sonst. Denn vieles, das wir vor uns hergeschoben haben, hat sich angesammelt, aber es lässt sich in ein paar Minuten erledigen. Danach wundern wir uns, warum wir das nicht schon längst getan haben. Erstens hat es nicht so lange gedauert, wie wir gedacht haben. Dann war es gar nicht so anstrengend, wie wir gedacht haben, und drittens haben wir vielleicht etwas dabei gelernt, das wir gut gebrauchen können. Weniger denken, mehr machen! Die Goldene Regel der Zeit hilft uns dabei.

Jetzt ist die Aufgabe aus dem Kopf, sie belastet uns nicht mehr, wir müssen nicht mehr mit einem schlechten Gewissen daran denken, und unser Gehirn belohnt uns obendrein mit einer satten Portion Glücksgefühl. Was du heute kannst besorgen, das besorge heute, also jetzt und nicht später. So banal wie effektiv ist die Goldene-Zeit-Regel!

Unser Tag hat nach wie vor nur 24 Stunden, doch vieles, das uns sonst belastet hat, ist erledigt und wir können mit den Dingen anfangen, die uns wirklich glücklich machen. Weil unser Gehirn sich freut, dass es sich jetzt keine Ausreden mehr einfallen lassen muss, nutzt den Schwung aus und sprudelt über vor Ideen. Endlich wird es zu dem gebraucht, was seine eigentliche Aufgabe ist. Unser fantastisches Gehirn ist nicht dazu gemacht, die Dinge nur vor sich her zu schieben. Es kann so viel mehr.

Weil wir gerade beim Machen sind von dem, was wir nicht mehr auf morgen verschieben wollen, wächst unser Wunsch, noch mehr zu machen. Die Goldene-Zeit-Regel ist dafür der Anstoß und Auslöser. Das ist richtig genial, denn wir ziehen einen doppelten Nutzen daraus.

Um ein wenig Selbstdisziplin wird man nicht herumkommen. Das Einüben und Umsetzen der Goldenen-Zeit-Regel fordern von uns ein Umdenken und Umstellen. Das Gute ist, dass jedem Anfang ein Zauber innewohnt, der uns über die ersten Hürden hilft.

Sehr populär ist Selbstdisziplin nicht, war es nie und wird es nie sein. Unser Gehirn liebt das aber und belohnt uns dafür mit einem Gefühl des Stolzes auf uns selbst. Das motiviert uns und lässt uns durchhalten und etwas zu Ende bringen.

Wir sind alle Hand-Werkerinnen und Hand-Werker. Das unterscheidet die Menschen von den Tieren. Wir können mit unseren Händen Dinge bearbeiten oder herstellen und sie dank unserer Sprache von Generation zu Generation weitergeben.

Das macht uns Menschen so besonders. Sogar noch mehr – das macht uns Menschen zum Menschen. Wir sind dazu gemacht, Hand-Werker zu sein. Das hat uns geformt und dazu sind wir geschaffen. Als Hand-Werker sind wir im Einklang mit uns selbst.

Hand-Werk sind alle Tätigkeiten unserer Hände, die dazu dienen, Material aus unserer Umwelt zu bearbeiten. Ein Computerfachmann oder eine Computerfachfrau, der oder die den ganzen Tag auf der Tastatur mit seinen oder ihren Händen tippt, ist in diesem Sinn kein Hand-Werker und keine Hand-Werkerin, auch wenn vieles, was er oder sie macht, Handwerk ist.

Hand-Werk bedeutet, wir bearbeiten ein Material dergestalt, dass es danach eine andere Form und einen anderen Nutzen hat als zuvor. Das Werk der Hände unterscheidet uns von unseren direkten Vorfahren, den Affen. Unsere menschlichen Hände sind viel effizienter und differenzierter im Gebrauch. Unser Daumen ermöglicht viele Griffe, die ein Affe nicht ausführen kann. Das hat uns den entscheidenden Vorteil verschafft, uns über den ganzen Erdball auszubreiten. Wir waren deswegen so erfolgreich, weil unsere Hände zupacken konnten. Darum fühlen wir uns so gut, wenn wir mit unseren Händen unsere Umwelt bearbeiten. Weil sie das seit Hunderttausenden von Jahren genau so machen.

In unserer heutigen Gesellschaft mit all ihren technischen Entwicklungen werden die Hände zum ersten Mal in der Geschichte der Menschheit nicht mehr in der von der Natur vorgesehenen Art und Weise gebraucht. Das hat Vorteile, denn unser Leben ist in vielen Bereichen bequemer geworden. Die Nachteile spüren wir am eigenen Leib. Wir denken, wir sind gestresst, wir sind verunsichert und fühlen eine Leere, die durch Medien und Konsum letztendlich nicht gefüllt wird, auch wenn wir es Tag für Tag versuchen. Wir spüren diesen Unterschied zwischen Anspruch und Wirklichkeit, doch wir fürchten uns davor, auf unseren Bauch, besser gesagt auf unsere Hände zu hören.

Unsere Welt ist global, komplex und vernetzt. Damit müssen wir leben, aber wir müssen uns dem nicht ausliefern. Wenn wir in unserem Leben an unser handwerkliches Erbe anknüpfen, werden wir zu einem glücklicheren Menschen.

Zeit ist das wertvollste Gut geworden. Warum also sie gedankenlos verschwenden? Mit der Goldenen-Zeit-Regel gewinnen wir Zeit für das, was uns glücklich macht. Das ist die Voraussetzung für Hand-Werk. Denn der Hände Werk braucht Zeit. Die haben wir, wir müssen sie uns nur nehmen. Stopfen wir unsere Zeit den digitalen Zeitfressern nicht mehr in ihren gierigen Rachen. Wir müssen selbst das Hamsterrad anhalten und einfach beschließen, nicht länger zu hetzen, denn so werden wir nie am Ziel ankommen. Beginnen wir lieber das zu tun, was wirklich sinnvoll ist. Unsere Hände sind dafür die Experten. Vertrauen wir ihnen, und entdecken wir dieses Wunder an Kreativität und Fantasie neu.

DAS ZEUGS ZUM WERKEN UND DER RESTLICHE KRAM

Zum Umgang mit dem Material gehört der Gebrauch des passenden Werkzeugs. Um unser Blatt Papier zu zerschneiden, braucht es eine Schere. Sie liefert einen glatten Schnitt. Ein Blatt Papier kann auch entzweigerissen werden, man faltet es, faltet es gegen und reißt es entlang des Knickes vorsichtig auseinander. Die Ränder werden je nach Beschaffenheit ausfransen. Das kann gewollt sein wie zum Beispiel bei Radierungen. Dazu wird das weiche Druckpapier auf Größe gerissen und nicht geschnitten. Die Unregelmäßigkeiten, die dabei entstehen, sind gewollt.

Selbst das Reißen will gelernt sein. Nehmen Sie eine Zeitungsseite, und reißen Sie sie in Stücke. Na, eine kleine Überraschung erlebt? Tatsächlich lässt sich durch die Lage der Fasern die Seite von oben nach unten leichter und gerader zerreißen als von links nach rechts. Da bockt das Papier und wird störrisch. Mit einer Schere zertrennt man die Papierfasern, und ein glatter Schnitt entsteht. Sie ist ein Werkzeug, dessen Gebrauch man zuerst lernen muss. Mit welchen Fingern muss ich durch welche der Löcher, und wie schaffe ich es, die Auf-und-zu-Bewegung mit dem Führen der Schere zu koordinieren? Wie mühsam das ist, habe ich als Kind beim Ausschneiden der Papierburg erlebt. Dann muss man auch den richtigen Gebrauch erlernen. Wie mit dem Hinweis meiner Grundschullehrerin, die Schere richtig herum zu halten. Ob es nun eine Schere oder eine Kreissäge ist, Häkelnadeln oder ein Akkubohrer – bei jedem Werkzeug kommt es auf seinen richtigen Gebrauch an.

Unsere frühzeitlichen Vorfahren lernten, mit einem Stein ihre Pfeilspitzen herunterzuschlagen. Dazu musste der Schlagstein in einer bestimmten Weise in die Hand genommen werden. Das Werkzeug und unsere Hände bilden dabei eine Einheit. Das Werkzeug überträgt Kraft oder Bewegung unserer Hände. Die Verbindung zwischen den beiden muss eingeübt werden. Als Kinder hantierten wir mühsam mit der Schere. Durch ständige Übung wurden wir immer besser darin. Mit einem Hammer einen Nagel einzuschlagen stellt selbst viele Erwachsene, mich eingeschlossen, vor eine Herausforderung.

Nicht immer treffe ich den Kopf senkrecht, und oft genug steckt er so schief fest, dass ich ihn herausziehen muss, um es mit einem neuen Nagel zu probieren. Was noch schwieriger ist, weil das Loch nun schräg ist und der neue Nagel partout nicht den geraden Weg gehen möchte. Bei einem Zimmermann und einer Zimmermannsfrau hingegen sieht es absolut mühelos aus, wie er oder sie mit ein paar Schlägen einen langen Nagel ins Holz treibt. Übung macht den Meister, wir wissen es alle. Trotzdem kann der Umgang mit Werkzeug durchaus entmutigend sein. Manchmal fehlt uns die notwendige Information, um es richtig zu gebrauchen. Ein kleiner Hinweis vom Fachmann oder von der Fachfrau reicht, um bessere Ergebnisse zu erzielen. So wie der, die Schere richtig herum zu halten. Oder den Hammerstiel nicht zu weit vorne zu greifen und ihn nicht verkrampft zu halten, sondern leicht mit ihm zu Schwingen, fast spielerisch. Das gilt überhaupt für viele Werk-

zeuge. Fester, aber nicht verkrampfter Griff, um eine sichere Verbindung zwischen Händen und Material durch das Werkzeug herzustellen – das sollte das Ziel sein.

Beim Stricken wird das sehr deutlich. Als Jugendlicher hatte ich mir einmal das Stricken von meiner Schwester, einer begeisterten Strickerin, zeigen lassen. Was folgte, war ein Drama klassischen Ausmaßes. Was bei ihr so leicht und locker aussah, wurde unter meinen starren Fingern zu einem Krampf im wahrsten Sinne des Wortes. Meine Finger um die Nadeln gekrallt, fabrizierte ich Maschen, die kein Mensch mehr aufnehmen konnte. Mir hat der lockere, feste Griff gefehlt. Das klingt widersprüchlich, wie oft, wenn man über das Hand-Werk redet. Doch das ist durchaus ein passendes Bild für das Hand-Werk wie für das Leben insgesamt. Beides sollte man mit lockerem Griff fest führen.

Sehen wir uns das Werkzeug einmal näher an. Mit einer stumpfen Schere zu schneiden ist alles andere als ein Vergnügen. »Mit der kannst du ja nach Schweden reiten«, pflegte mein Vater in solchen Fällen zu sagen. Ich habe nicht herausfinden können, woher dieser Ausdruck stammt, vielleicht noch aus dem Dreißigjährigen Krieg, aber egal, mit schlechtem Werkzeug kann man versuchen, nach Schweden zu reiten, nur wird man nicht weit kommen. Schlechtes Werkzeug ist für alle, die mit ihren Händen arbeiten, eine Qual. Denn es frustriert, macht doppelte Mühe und kann sogar gefährlich sein. Beim Werkzeug zu sparen macht überhaupt keinen Sinn. Das heißt nicht, dass das teuerste Werkzeug das Beste wäre. Nur wenn man sich die Zeit nimmt, etwas selber zu machen, dann sollte es aus einem guten Material sein, das mit gutem und angemessenem Werkzeug bearbeitet wird. Mit einer scharfen Schere Papier zu schneiden macht Freude.

Eine gute Schneiderschere gleitet angenehm durch den Stoff. Fast mühelos wird man arbeiten können, wenn Material und Werkzeug optimal zusammenpassen.

Ein scharfer Stechbeitel fährt akkurat in das Holz, mit einem stumpfen kann man, wie gesagt, nach Schweden reiten. Das Werkzeug muss in gutem Zustand sein. Scharf, unbeschädigt und sicher. Es muss zum Material passen. Mit einem Steinbohrer kann man ein Loch in Holz bohren oder umgekehrt. Freude wird man dabei sicher nicht empfinden. Der jeweilige Bohrer wird bald seinen Geist aufgeben. Schärfe ist beim Durchtrennen ein entscheidender Faktor. Das Entsetzen meiner Mutter angesichts meines Hantierens mit ihrer geliebten Stoffschere kann ich heute nur zu gut verstehen.

Neben dem falschen Werkzeug, also einen Steinbohrer zum Holzbohren zu benutzen, eine stumpfe Schere oder eine zu raue Stricknadel, gibt es das schlechte Werkzeug. Das ist ein schlecht hergestelltes Werkzeug, mit dem man nicht einmal nach Schweden reiten kann, weil es mühsam wäre, sondern das man im Grunde nur in die Mülltonne entsorgen kann. Dieses Werkzeug findet sich oft in der Schnäppchenabteilung oder als Lockangebot bei Discountern und Baumärkten. Glauben Sie mir, ich habe mir diese Erfahrung selbst teuer erkauft. Ein elektrisches Graveurzeug zu einem Billigpreis hatte mich spontan angelacht. Das erschien mir sehr praktisch, um kleinere Metallteile zu bearbeiten oder in die Gläser der Kinder ihren Namen zu gravieren. Spontan kamen mir ein paar Ideen, was ich damit alles machen könnte. Zu Hause merkte ich schnell, dass dieses Teil zu nichts zu gebrauchen war, außer es als Elektroschrott zu entsorgen. Ich hätte es wissen müssen. Habe ich auch und habe trotzdem meinen eigenen Rat in den Wind geschlagen. Geschieht mir recht!

Daher hier eine weitere Goldene Regel: Hände weg von schlechtem Werkzeug!

Da lag in einem Supermarkt ein Sortiment Nähnadeln für die Nähmaschine. Ich weiß nicht warum, aber sie erschienen mir günstig, und da habe ich sie einfach ohne viel nachzudenken gekauft. Sie sehen, meine Lernkurve verläuft eher flach. Nun sind Nähnadeln keine wirklich teure Angelegenheit. Selbst gute Qualitätsnadeln kosten wahrlich kein Vermögen. Nun kam es, wie es kommen musste. Auf den letzten Zentimetern einer Naht brach mir die alte Nadel ab, und ich nahm eine der neuen Nadeln zur Hand. Da hätte ich schon stutzig werden sollen, denn sie ließ sich nur allzu leicht einsetzen. In den nächsten fünf Minuten brach ich fünf Nadeln ab, die sechste blieb stabil, nur nähte sie nicht, Oberfaden und Unterfaden verbanden sich nicht. Ich probierte herum – nichts half. Meine bis gerade eben einwandfrei nähende Nähmaschine verweigerte ihren Dienst. Schließlich, schon völlig entnervt, fand ich heraus, dass es an der falsch herum eingesetzten Nähnadel lag. Die war so schlecht gearbeitet, dass sie sich falsch hatte einsetzen lassen. Meine Laune war zu diesem Zeitpunkt alles andere als gehoben, und ich verfluchte mich selbst. Glücklicherweise fand sich noch eine gute Nähnadel, und gleich lief alles wieder wie am Schnürchen.

Das heißt nun nicht, dass sie nur die vergoldete Handkreissäge und die Häkelnadel aus Platin kaufen müssen. Solide, haltbar und natürlich sicher sollte das Werkzeug sein. Lieber weniger Werkzeug und dafür von guter Qualität als viel billigen Werkzeugschrott.

Männer tendieren dazu, einen Werkzeugfetischismus zu entwickeln. Ich kenne Hobbykeller, die sind mit Werkzeug ausgestattet, über die ein mittelständischer Betrieb froh wäre.

Das ist die andere Gefahr. Nur weil ich eine Schraube im Jahr eindrehen will, brauche ich keinen Akkuschrauber der Luxusklasse. Ich persönlich bin, was Werkzeug anbelangt, eher Minimalist. Das ist, zugegeben, einerseits Geschmackssache und andererseits auch eine Frage des Geldes. Welches Werkzeug brauche ich wie oft, und kann ich mir es nicht eventuell ausleihen? Wobei das mit dem Ausleihen von Werkzeug eine spezielle Angelegenheit ist. Da habe ich volles Verständnis, wenn jemand sein Werkzeug nur ungern oder gar nicht verleiht. Das ist ein Zeichen, dass uns das Werkzeug lieb und teuer ist, dass wir das Gefühl haben, mit ihm eine Einheit zu sein, und dass es einem Vertrauensbruch gegenüber dem Werkzeug gleichkäme, es aus der Hand zu geben. Also: Verständnis aufbringen und wenn etwas geliehen wird im Top-Zustand zurückgeben. Das ist Ehrensache für alle Hand-Werkerinnen und Hand-Werker.

Schlechtes Werkzeug ist wie schlechte Zutaten. Angenommen, Sie kochen ein großes Menü und verwenden für den Coq au vin ein altes Suppenhuhn. Das wäre die Mühe und vor allem den guten Rotwein doch gar nicht wert.

Ich habe ein paar Mal das sichere Werkzeug erwähnt. In Betrieben herrschen klare Sicherheitsvorschriften. Zu Hause hingegen kommt die Sicherheit oft genug zu kurz. Darum passieren im Haushalt die meisten Unfälle. Schnell muss es gehen, ach was, mag man denken, bevor ich jetzt die Leiter heraushole, steige ich auf den Stuhl, den ich auf den Tisch stelle und dann noch das Telefonbuch drunter und schon komme ich an die Leitung, um die Lampe anzuschließen. Die Sicherung habe ich zwar vergessen rauszudrehen, aber wird schon nichts passieren. Hand aufs Herz, wer hat nicht schon einmal so gedacht?

Im Kindergarten haben wir gelernt, dass man mit einer Schere an den Fingern nicht herumläuft. Man nimmt sie ordentlich an der Schneide in die Hand, damit wir sie uns bei einem Sturz nicht ins Herz rammen. Diese Regel ist auf viele Werkzeuge anwendbar. Hand-Werk lebt von den Händen. Also geben Sie auf Ihre Hände acht. Sie sind einfach zu wichtig.

Werkzeuge sind Hilfsmittel, die ihnen dienen sollen und nicht umgekehrt. Es geht nicht darum, möglichst viel Werkzeug zu besitzen. Das macht einen guten Hand-Werker und eine gute Hand-Werkerin nicht aus. Sie können wie ich eine ganze Batterie von Stricknadeln zur Verfügung haben, besser gestrickt habe ich dadurch nicht.

Beschränken Sie sich, das fördert meiner Erfahrung nach die Kreativität. Denn wir müssen Lösungen suchen und mit dem auskommen, was wir zur Verfügung haben. In der Beschränkung liegt viel kreatives Potenzial. Sowohl was das Material anbelangt als auch das Werkzeug. Unser Gehirn sucht gerne nach Lösungen von Problemen. Darauf ist es geeicht, denn das war eine seiner wichtigsten Funktionen. Durch die Beschränkung reizen wir es heraus, und das Ergebnis ist oft verblüffend. Das macht unser Gehirn und uns selbst glücklich. Wenn Sie anfangen, mit einem Material zu arbeiten, hüten Sie sich davor, alles mögliche Werkzeug anzuschaffen. Denken sie viel mehr an das Papier, die Schere und den Kleber. Das haben Sie alles zu Hause. Sie brauchen nichts zu kaufen und können doch so viel damit machen. Es gibt Materialien, die brauchen mehr Werkzeug. Ein Freund von mir schmiedet hingebungsvoll Messer in seiner Garage. Er braucht einen Ofen, verschiedene Hämmer und so weiter. Er hat sich eine kleine Werkstatt eingerichtet mit allem, was er braucht. Was er macht, ist mehr als ein Hobby, es erfüllt ihn und macht ihn stolz und glücklich. Daher leistet er sich ab und zu ein neues Werkzeug, vielleicht auch um seiner Freude einen materiellen Ausdruck zu verleihen. Jeder und jede muss seinen und ihren eigenen Weg gehen. Nur ist es besser, wenn eine Werkstatt im Laufe der Zeit wächst. Wenn Sinnvolles angeschafft wird. Wir wollen Glück durch unsere Hände erlangen und nicht das flüchtige Glück einer bestens ausgestatteten Werkstatt, mit der wir am Ende nichts anzufangen wissen. Das Machen ist das Wichtige, nicht das Besitzen.

Beschränkung schafft Freiraum. Das klingt widersprüchlich, ist meiner Erfahrung nach ein Phänomen unseres Kopfes und seiner ganz eigenen Art zu denken. Man muss nur als Beispiel die Buchmalerei des Mittelalters nehmen. Die Scriptoren, meistens Mönche, hatten nur wenig Platz auf den Pergamentseiten zur Verfügung, und das Thema war streng vorgegeben. Trotzdem schufen sie auf dem wenigen Platz die tollsten Ornamente, Muster und Bilder. Da tauchen Fabelwesen auf, Tiere verstecken sich in Ranken und das biblische Geschehen wird mit bunten Farben dargestellt. Es herrschte Beschränkung im Platz und im Thema, und trotzdem haben die Mönche erstaunliche Möglichkeiten gefunden, ihrer Fantasie freien Lauf zu lassen.

Nutzen Sie die Beschränkung im Material und im Werkzeug, um tolle, neue Lösungen zu finden. Es wäre fatal zu sagen: Ich kann nichts machen, mir fehlt das Werkzeug und mir fehlt das Material. Ich würde gerne eine Diamantbrosche herstellen, aber den Fünfkaräter kann ich mir nicht leisten! So zu denken wäre doch Unsinn, oder? Dann machen Sie Schmuck aus Kronkorken oder aus einfachem Draht. Mit unserem Kopf und unseren Händen lassen sich fantastische

Dinge herstellen. Nutzen sie die Beschränkung als Chance und nicht als billige Ausrede, nichts zu machen.

Nehmen Sie das, was Ihnen zur Verfügung steht. Arbeiten Sie mit den Händen, und erkaufen Sie nicht Kreativität durch ein Mehr an Werkzeug und Material. Denn am Ende wird man mit ganz wenig auskommen.

Jeder, der mit seinen Händen arbeitet, hat sein bevorzugtes Werkzeug. Das ist der eine Schraubenzieher, der auch als Meißel oder als Bohrer gebraucht werden kann. Er ist stabil gebaut, liegt gut in der Hand und erfüllt viele verschiedene Zwecke. Das sind die wahren Stars unter den Werkzeugen. Mit solchen Werkzeugen werden sie 80 Prozent der Zeit arbeiten. Alle anderen braucht man ab und zu, gelegentlich bis nie. Die Stars sollten von guter Qualität sein, um den Ärger möglichst klein zu halten.

Es ist furchtbar, mit einem *Glump*, wie man bei uns in Bayern zu nicht funktionierenden Dingen sagt, arbeiten zu müssen. Die Grundausstattung an Werkzeug sollte stimmen. Es gibt Schraubenzieher, offiziell heißen sie ja Schraubendreher, die nach ein paar Mal ihre Form verlieren, weil sie aus zu weichem Metall gearbeitet sind. Mit ihnen ruiniert man die Schraubenköpfe, und am Ende bekommt man die Schraube weder hinein noch hinaus. Pfleglicher Umgang mit dem Werkzeug sollte selbstverständlich sein. Das schreibe ich voll schlechtem Gewissen, da ich ehrlich gesagt diesbezüglich ein wenig nachlässig bin. Vor dem Winter sollte man seine Gartenwerkzeuge säubern und leicht einölen, damit sie nicht rosten. Offiziell würde ich das stets bekräftigen, doch bitte, schauen sie nicht zu genau in meinem Gartenschuppen nach. Eine gewisse Lockerheit beim Werken gehört vielleicht zum Glück auch dazu.

DER ORT,
WO DIE MAGIE GESCHIEHT

Mein Gartenschuppen ist ein sehr kleiner Verschlag. Seine Tür geht inzwischen nur noch auf, wenn man sie mit aller Kraft nach oben hebt, da sie schief in den Angeln hängt (das werde ich bald reparieren, versprochen!). Doch so ein Schuppen ist Gold wert. Platz für das Werkzeug zu haben ist das eine, überhaupt Platz für das Arbeiten zu haben, ist etwas ganz anderes. Wo kann ich was machen? Das ist für alle Hand-Werker und Hand-Werkerinnen eine entscheidende Frage. Nicht jeder hat einen Hobbyraum, ein Arbeitszimmer oder gar eine Werkstatt. Zum Stricken braucht man wenig Platz, ein Sofa genügt. Bein Nähen ist der Platzbedarf schon etwas größer, ein Küchentisch oder der Esstisch reichen zwar meistens aus. Nur ist da dieses lästige Hin- und Herräumen vor jeder Mahlzeit.

Vielleicht lässt sich ja ein kleiner Klapptisch in der Wohnung aufstellen, der bei Bedarf als Multifunktionsarbeitstisch dient. Im Gang zum Beispiel. Dort hatte ich in einer unserer Wohnungen so einen Tisch stehen. Es war nicht ideal, aber ausreichend und ich habe da das Familienleben am wenigsten gestört. In der nächsten Wohnung habe ich alles auf unserem Küchentisch gemacht. Der hatte zwar nur 80 Zentimeter Länge und Breite, doch das hat für vieles ausgereicht. Zudem bot er einen anregenden Blick auf die Berchtesgadener Berge. Damals war ich noch Hausmann, und das hatte den Vorteil, dass ich neben dem Arbeiten gleichzeitig kochen konnte. Eine schmale Tür führte auf die Terrasse, die als Arbeitsraum einfach mit einbezogen wurde. In diesem provisorischen Atelier habe ich meine ersten großen Bilder gemalt. Im Nachhinein bin ich selbst überrascht, wie das alle funktioniert hat. Platz ist, und das stimmt einfach, in der kleinsten Hütte. Es mag umständlich sein, man muss Kompromisse eingehen, auf Verständnis der Familie hoffen, trotzdem ist viel mehr möglich, als man glaubt. Schade wäre es, wenn man nichts Handwerkliches macht, weil man meint, keinen Platz dafür zu haben. Das verlangt Flexibilität. Wenn man will, dann passt man sich handwerklich oder räumlich an.

In einem Einzimmerapartment wäre es vielleicht beengend, eine lebensgroße Figur zu schnitzen, (was sicher auch gehen würde), schöne Kerbschnitte in ein Brett lassen sich an einer Ecke des Tisches wunderbar ausführen. Ob mich das, was ich mache, glücklich macht, hängt nicht von der Größe ab. Das ist eine grundlegende Tatsache. Hätte ich als Kind einen kleinen Zaubertrick eingeübt – er hätte mich genauso stolz gemacht wie die zersägte Jungfrau. Eine gelungene Miniaturmalerei macht genauso glücklich wie ein drei Quadratmeter großes Bild. Das ist das Fantastische an unserem Glücksempfinden. Es gehorcht seinen eigenen Gesetzen, die nicht proportional sind zu gesellschaftlich geprägten Ansichten. Groß heißt nicht glücklich, und größer bedeutet nicht glücklicher. Für jeden, der gerne mit seinen Händen werkelt, ist das Material oft nicht entscheidend. Man nimmt das, was man hat und was man in sein Leben gut einpassen kann.

In den Städten gibt es inzwischen Werkstätten, die man stundenweise benutzen kann. Das ist ein gutes Konzept. Ich persönlich bin eher so ein stiller Vor-mich-hin-Werkler. Ich muss mich unbeobachtet fühlen, dann kann ich ausprobieren, Fehler machen, neu anfangen, alles über den Haufen werfen und zu einer guten Lösung finden. Andere sind Geselligkeitsarbeiter, die Ansprache und den Austausch mit anderen brauchen. Da ist jeder einfach unterschiedlich. Der große Vorteil von solchen Werkstätten ist die fachliche Hilfe, die man dort findet. Von der Erfahrung anderer zu profitieren, bringt uns weiter. Da habe ich persönlich noch Lernbedarf.

Ich habe das große Glück, ein Arbeitszimmer zu besitzen. Dort passiert alles. Da steht mein Computer, da arbeite ich auf einem stabilen Schreibtisch, auf dem man schon mal mit Hammer und Säge arbeiten kann, dort passt meine

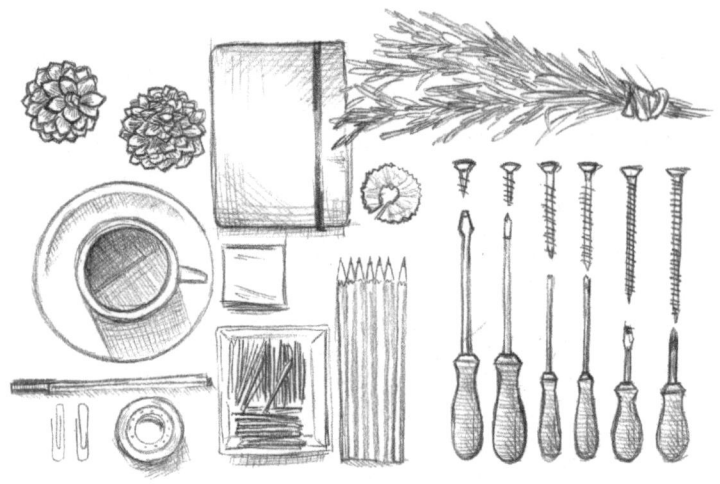

Staffelei hinein, und für das kreative Nickerchen zwischendurch gibt es sogar ein bequemes Sofa. Wie gesagt, das ist der reine Luxus. Alle unsere Bücher sind in Regalen rundherum untergebracht, was inspirierend ist und uns im Wohnzimmer Platz spart. Zwischen den Buchdeckeln finde ich oft Blätter, die ich zum Pressen im Herbst hineingelegt und dann vergessen habe. In den Regalen sammeln sich die unterschiedlichsten Dinge. Gefundene Objekte, Farbdosen, ein großer Pinienzapfen, Fotos von den Kindern, Zeichnungen von den Kindern, kleine Kunstwerke von befreundeten Künstlerinnen und Künstlern, ein Fernglas zur Vogelbeobachtung, Zeitungsausschnitte, die mich an etwas erinnern sollen, das ich schon längst vergessen habe, eine Winkekatze aus Plastik und ein Hirsch als Kerzenständer, der von letzten Weihnachten übrig geblieben ist. Auf meinem Schreibtisch stehen alle Tassen, deren Henkel im Laufe der Zeit abgeschlagen wurden. Sie dienen mir als Pinselaufbewahrung, auch Bleistifte und anderes Schreibgerät sammelt sich darin. Ein leeres Marmeladenglas erfüllt seinen neuen Zweck als Wasserbehälter zum Malen. An seinem Rand hat sich eine Farbschicht festgesetzt. Mir gefällt es, wie die Arbeitsgeräte ihren Einsatz zeigen. Sie bekommen eine angenehme Patina, die von ihrem Gebrauch erzählen. Alles ist ein wenig chaotisch, und genau darum passt es zu mir.

Ich kenne im Gegensatz Arbeitsräume und Ateliers, die sind penibel aufgeräumt, da gibt es kein kreatives Chaos und jedes Werkszeug hat seinen festen Platz. Ich bewundere solche Werkstätten. Gerade Grafiker und Grafikerinnen, so habe ich die Erfahrung gemacht, tendieren zu Sauberkeit. Denn beim Zeichnen und Drucken, sei es Holzdruck oder Kupferstich oder eine Radierung, ist Sauberkeit wichtig. Die Farbe am falschen Platz kann einem schnell das Blatt ruinieren. Es ist eine ganz persönliche Angelegenheit, wie viel Chaos ich brauche – normalerweise viel weniger, als man sich selbst eingesteht. Kreatives Chaos wird überbewertet. Finden Sie Ihr eigenes Bedürfnis nach Ordnung und nach Chaos. Ordnung im Äußeren schafft gerne Ordnung in unserem Kopf.

Nach Beendigung eines Projektes gibt es nichts Schöneres als das Aufräumen hinterher. Während einer Schaffensphase, oft im Flow, nimmt das Chaos zu. Danach stellen wir durch das Aufräumen unseren Arbeitsplatz sozusagen wieder auf null. Sauber das Werkzeug geordnet, die Materialien sortiert und die Farben fest verschlossen, schaffen wir Platz und Raum, gedanklich wie real, für das nächste Projekt.

Nur eines muss klar sein. Sobald man den Arbeitsplatz mit jemandem teilt, ist Ordnung oberste Pflicht. In gemeinsam benutzten Arbeitsräumen nimmt man durch die Ordnung Rücksicht aufeinander. Das sollte eigentlich eine Selbstverständlichkeit sein. Ich weiß, in der Realität schaut es durchaus anders aus. Es gibt immer die Saubären, die die Pinsel nicht auswaschen, sodass sie hart werden, die Farbdosen nicht schließen, die dann austrocknen und das abgebrochene Sägeblatt einfach stillschweigend in den Schrank räumen, anstatt für Ersatz zu sorgen. Solche Hand-Werker und Hand-Werkerinnen sind unerträglich. Bei gegenseitiger Rücksichtnahme würde die Welt um vieles einfacher aussehen. Probieren wir es doch einfach aus. Denn auch das macht glücklich. Das Wissen, dass ich aufgeräumt habe, gibt mir ein gutes Gefühl. Genießen wir es, und die anderen Hand-Werker und Hand-Werkerinnen freuen sich ebenso.

Für größere Unternehmungen habe ich eine Hobelbank ganz hinten in der Garage stehen. Die Hobelbank ist eine Nummer kleiner als eine Übliche und deswegen passt sie gerade noch hinein. In einem alten Küchenbuffet, das uns durch diverse Wohnungen treue Dienste geleistet hat, lagert mein Werkzeug. In der Garage gibt es eine Steckdose, blöderweise dort, wo ich nicht arbeite. Aber mit einer Kabeltrommel kann ich auch dort eine Arbeitslampe anbringen, wo ich sie gerade brauche. Im Winter ist es saukalt, Heizung gibt es natürlich keine. Im Sommer kann ich eine Tür zum Garten aufmachen, durch die am Nachmittag die Sonne scheint. Das genieße ich sehr und lächle oft bewusst den Sonnenstrahlen entgegen, da ich weiß, dass wieder andere Zeiten kommen werden. Dann stehe ich mit eiskalten Füßen da und schleife an einem Holzstück herum. Dafür lässt es sich im Winter gut mit Wachs arbeiten. Da härtet es schnell aus, und ich kann dadurch effektiver vorgehen.

Auf einem Regalbrett oberhalb der Hobelbank steht ein altes Radio. Die Antenne ist schon längst abgebrochen und wurde durch ein Stück Draht ersetzt. Die Sendereinstellung bedarf Geduld und einer ruhigen Hand. Dass ich beim Arbeiten Radio hören kann, empfinde ich als wunderbaren Bonus. Von der richtigen Musik begleitet, macht es gleich noch viel mehr Spaß. Gerade monotone Tätigkeiten bekommen durch Musikbegleitung einen neuen Reiz. Dabei bin ich sehr wählerisch mit dem, was mir zu Ohren kommt. Dauerberieselung ist nicht mein Fall, und wenn ich Musik höre, will ich es bewusst machen. Nur bleibt im normalen Alltag nicht gerade viel Zeit dafür. Darum finde ich es wunderbar, Werken und Hören zu verbinden. Es muss nicht nur Musik sein, Hörbücher, Radiofeatures oder Podcasts stehen uns heute in einer riesigen Bandbreite zur Verfügung.

Allerdings brauche ich manchmal absolute Ruhe. Vor allem in kreativen Momenten, in denen es um das Entwerfen geht, passt mir akustische Ablenkung gar nicht, weil ich es da eher als störend empfinde. Beim bloßen Hand-Werken hingegen finde ich es als bereichernd. Das hängt von den eigenen Vorlieben ab, und durch Ausprobieren wird jeder Hand-Werker und jede Hand-Werkerin herausfinden, welches Hörerlebnis zu ihm oder ihr passt.

Sich beim Arbeiten in der Ruhe zu verlieren, liefert eine tief gehende Entspannung. Da kann selbst die beste Musik störend sein. Ausprobieren und variieren und dabei sich und die Bedingungen besser kennen lernen, unter denen man gut, effektiv und bereichernd arbeiten kann. Eine Erfahrung, die auch auf andere Bereiche Einfluss haben kann. Nur bei Tätigkeiten, die unsere ganze Konzentration brauchen, zum Beispiel weil man Maschinen betätigt, sollte man besser nicht abgelenkt werden. Wenn ich eine Motorsäge in der Hand halte, brauche ich keine Musik im Ohr. Schnelle Beats beim Schneiden an der Kreissäge sind vielleicht nicht die ideale Kombination, wenigstens nicht für mich. Kniffliges wie heruntergefallene Maschen wieder aufnehmen, während aus den Lautsprechern die Bässe wummern, kann kontraproduktiv sein. Das hängt einfach ganz von uns selbst ab. Muten Sie Ihren Ohren ruhig ab und zu Neues und Provokantes zu. Verlassen Sie die akustische Komfortzone, und lassen Sie sich davon inspirieren. Unsere Sinne hängen im Gehirn zusammen. Nützen wir das aus und holen für uns das Beste dabei raus.

Zum Arbeitsplatz gehört die richtige Beleuchtung. Ich kann Ihnen nur empfehlen, in eine gute Arbeitslampe zu investieren. Bei schlechtem Licht zu arbeiten finde ich eine Zumutung. Eine Tageslichtlampe zum Beispiel verfälscht die Farben nicht so, was beim Malen von Vorteil ist. Tageslicht ist generell zu empfehlen, nur lässt sich das mit unserem Arbeitsrhythmus nicht immer vereinbaren. Greller Sonnenschein kann wegen seiner Schatten, die er wirft, störend sein. Diffuses Licht eines leicht bewölkten Himmels ist ideal, gerade auch für Fotografien der entstandenen Werke. Beim richtigen Licht zu arbeiten macht viel mehr Spaß und beeinflusst uns mehr, als man zunächst annimmt. Genauso kommt es auf unseren Arbeitsplatz an. Er sollte zu unserer Tätigkeit passen. Viele Schreibtische sind zum Werken einfach zu leicht gebaut und schwingen und wackeln, was nervtötend sein kann. Hingegen kann der Stuhl ruhig beweglich sein. Mir unruhigem Geist, der ich nun mal bin, kommt ein beweglicher Hocker zugute, der ein aktives Sitzen ermöglicht. Ein Stehpult ist zunächst gewöhnungsbedürftig, aber die größere Beweglichkeit im Vergleich zum Sitzen ist für unseren

Rücken besser, und auch unser Gehirn arbeitet bei Bewegung lieber, als wenn es von unserem Körper ganz ruhig in einer Position gehalten wird.

Dabei lässt sich auch leichter Abstand zu dem schaffen, woran man gerade arbeitet. Der Abstand hilft uns, einen frischen Blick auf das Werkstück zu werfen. Das ist hilfreich, um einerseits Fehler zu entdecken und ihnen vorzubeugen, andererseits, um gestalterische Mängel zu sehen. So gut es ist, ganz nah dran und vertieft zu sein, ab und zu muss man sich selbst kontrollieren. Innehalten, sich aus dem Prozess herausnehmen, zurücktreten, durchatmen und eine Momentaufnahme machen. Damit beugt man seiner eigenen Betriebsblindheit vor. Gerade bei kleinteiligen Arbeiten, wenn ich zum Beispiel mit dem Cuttermesser Scherenschnitte anfertige, ist es gut, Abstand zu bekommen. Jeder, der Kalligrafie betreibt, hat schon einmal vor lauter Konzentration auf die Feder bei den einfachsten Wörtern einen Buchstaben vergessen. Man fokussiert sich auf das Schreiben und nicht auf das Wort. Darum ist es wichtig, sich ab und zu aus *dem System zu nehmen*, wie man den Vorgang beschreiben könnte. Bei dieser Gelegenheit halte ich meine Hände unter kaltes Wasser, um sie und mich wieder frisch zu bekommen. Genauso sollte man darauf achten, zwischendurch seinen Kiefer zu lockern. Wir verbeißen uns manchmal im wahrsten Sinne des Wortes in unsere Arbeit, was sehr gut ist. Nur sollte das nicht zu Verspannungen führen. Darum ab und zu einmal ganz bewusst die Kiefermuskulatur entspannen. Wenn Sie schon dabei sind, können Sie gleich ein paar Lockerungsübungen für den ganzen Körper einschieben.

Unsere Hände können überall arbeiten – und wenn Sie im Wartezimmer kleine Schiffchen aus den uralten Zeitschriften falten. Ich frage mich, wie viele Millionen kleiner *Kunstwerke* aus dem Silberpapier von Kaugummis schon auf der Welt geformt wurden. Mangelnder Platz sollte uns nicht als Argument dienen, unsere Hände nicht zu beschäftigen. Machen Sie Ihr Leben zur Werkstatt, in der inspiriert, fröhlich und glücklich gearbeitet wird.

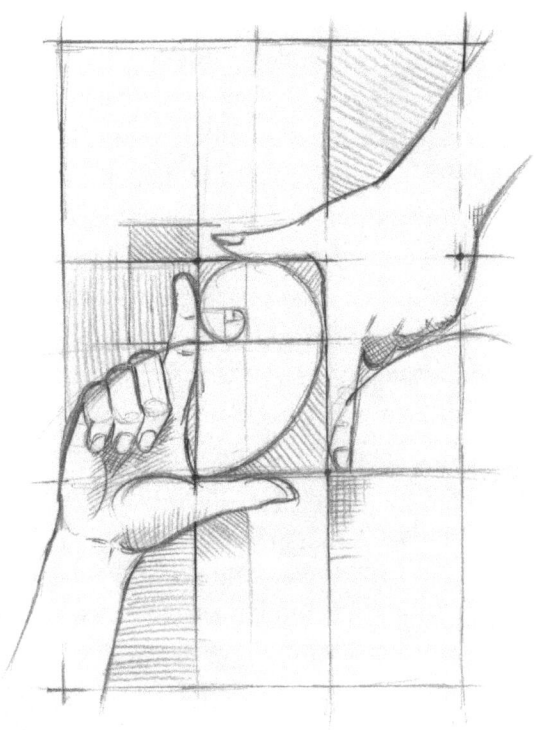

GESCHMACK KENNT
KEINE GRENZEN

Dieses Kapitel brauchen Sie nicht zu lesen. Ich bin überzeugt, dass Sie über einen ausgezeichneten Geschmack verfügen. Darum können Sie getrost weiterblättern. Doch Sie kennen sicher jemanden, dessen Geschmack als schlecht oder wenigstens als fragwürdig bezeichnet werden kann. Denken Sie nur mal an ihre Schwägerin und ihr Wohnzimmer samt Häkeldeckchen, an die Arbeitskollegin mit dem Puppen-Tick und an Onkel Horst, bei dem Socken in Sandalen noch das geringste Übel sind. Die müssten dieses Kapitel Ihrer Meinung nach lesen, und das dringend. Die und noch viele andere, die geschmacklich fehlgehen und danebentreten, ob mit Socken in den Sandalen oder ohne.

Daraus schließen wir, dass jeder seinen Geschmack hat und dass dieser durchaus unterschiedlich zum Ausdruck kommt. Über Geschmack kann man bekanntlich nicht streiten, und trotzdem wird es mit hartnäckiger Häufigkeit getan. Mein Geschmack steht gegen den deinen, und schon ist eine muntere Diskussion im Gange, die am Ende keinen Gewinner sehen wird, sondern wieder am Ausgangspunkt ankommt – bei meinem und deinem Geschmack. Dabei ist Geschmack nicht statisch, sondern verändert sich mit uns. Wer hat heute noch den Bravo-Starschnitt über seinem Bett hängen? Und war die Dauerwelle oder der Vokuhila wirklich so cool, wie man damals glaubte? Dass sich unser Geschmack verändert, ist ein sehr gutes Zeichen. Wir können dies nutzen, um ihn zum Besseren zu verändern. Ein guter Geschmack macht glücklicher als ein schlechter. Sich an Schönheit zu erfreuen hat einen positiven Effekt auf uns. Darum fahren wir im Urlaub lieber dorthin, wo es schön ist, und campieren nicht hinter der Autobahnabfahrt zum Industriegürtel.

Der Begriff Schönheit oder schön ist schwierig, darum bemühe ich mich erst gar nicht um eine Definition. Ich gehe davon aus, dass wir Menschen eine, zugegeben etwas verschwommene, Vorstellung von Schönheit haben, die in uns angelegt ist und unberührt ist von der aktuellen Mode.

Alle Hand-Werkerinnen und Hand-Werker begleitet dieses Thema bei ihrer Arbeit. Alles, was wir mit unseren Händen bearbeiten, hat eine Form, hat Farbe, ist aus einem Material und kann im wahrsten Sinne des Wortes Geschmack haben, wir können es berühren und spüren. Mithilfe der Sinne nehmen wir das Hergestellte wahr und können es ästhetisch beurteilen.

Wenn wir uns schon mühen, etwas mit unseren Händen herzustellen, dann sollte es gut werden. Das heißt, es sollte seinen Zweck erfüllen, sollte angemessen sein und es sollte schön sein. Was es im Einzelnen heißt, seinen Zweck zu erfüllen, dem Zweck angemessen zu sein und schön zu sein, lassen wir zunächst einfach stehen. Bei dieser Diskussion wird nämlich kein Ende zu finden sein. Über all diese drei Eigenschaften sagt der Geschmack etwas aus. Ob etwas seinen Zweck erfüllt oder angemessen ist, kann genauso Geschmackssache sein wie die Frage nach der Schönheit. Diese drei Kriterien sind je nach Sachlage unterschiedlich gewichtet, was es nicht einfacher macht. Ein Küchenmesser kann seinen Zweck erfüllen – es ist ausreichend scharf – und angemessen sein – seine Klinge ist lang genug oder kurz genug oder stabil genug – und kann trotzdem hässlich sein. All dies ist sehr variabel. Sie bilden damit genau die Aspekte ab, über die diskutiert wird, wenn man über guten und schlechten Geschmack redet – die Grenzen sind fließend, verschwommen und nicht definierbar.

Darum fangen wir mit etwas Einfachem an – unserem eigenen Geschmack. Mit ihm haben wir schon öfters zu tun gehabt. Wir meinen, ihn gut zu kennen. Darum ein kurzer Test: Schauen Sie irgendeinen Gegenstand aus ihrer Umgebung an. Entscheiden Sie nun spontan, ob er ihnen gefällt. Gut so. Das war noch einfach, aber jetzt begründen Sie bitte ihre Entscheidung. Das wird schon schwerer. »Mir gefällt

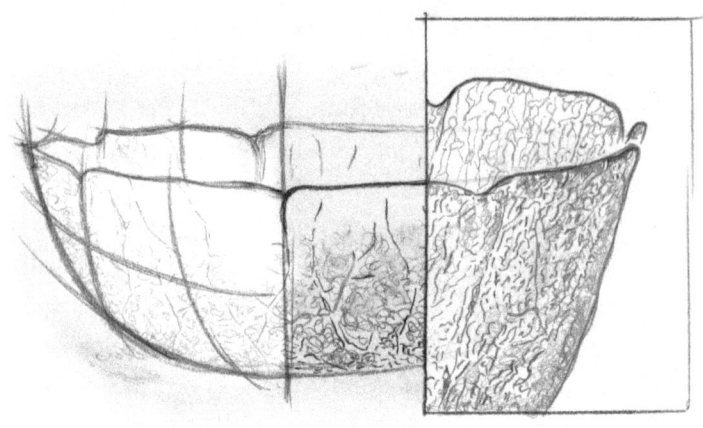

seine Form« ist keine Begründung. Etwas genauer müssen Sie schon werden. Je tiefer wir dabei einsteigen, desto mehr merken wir, dass es gar nicht so einfach ist, Worte zu finden, mit denen wir ästhetische Sachverhalte ausdrücken können. Allein der Versuch bringt uns schon weiter. Denn wir fangen an, über unseren Geschmack nachzudenken. Das ist das Entscheidende. Viel zu oft fischen wir in Geschmacksfragen im Trüben und bewerten dabei unseren eigenen Geschmack über. Nachdenken und sich bewusst machen, warum einem etwas gefällt und warum etwas anderes nicht, bringt uns weiter. Machen Sie diese Übung zu einem täglichen kleinen Spiel, das Sie zu ihrem eigenen Vergnügen spielen. Eigentlich spielen wir es sowieso schon die ganze Zeit, nur mit dem Unterschied, dass wir jetzt verstärkt über unsere Begründung nachdenken. Wir werden bald Muster erkennen in dem, was wir als unseren Geschmack ansehen. Der spannende Teil kommt nun. Innerhalb dieser Muster versuchen wir, ihre Herkunft herauszufinden. Haben wir sie übernommen, von den Eltern, dem Freundeskreis, dem Partner oder auch von der aktuellen Mode, von der wir automatisch durch unsere Teilhabe an der Gesellschaft und dem täglichen Leben beeinflusst werden? Haben wir sie uns erarbeitet, weil wir uns mit der Gruppe bestimmter Dinge wie Kleidung, Möbel, Gerichte, Kunst, Literatur, Blumen usw. beschäftigt und uns darüber eine Meinung gebildet haben, was uns gefällt? Oder gehören sie zu der großen Gruppe an diffusen Gründen, die wir nicht genau benennen können? Mir gefallen zum Beispiel keine gelben Blumen. Vor allem gelbe Rosen sind mir ein Graus. Auch gelbe Kleidungsstücke stehen bei mir nicht hoch im Kurs. Warum? Woher stammt mein offensichtliches Problem mit der Farbe Gelb? Ich vermute, die Gründe dafür bleiben diffus. Ganz genau wird sich die Ursache für meine Abneigung gegenüber Gelb nicht ergründen lassen. Derlei Geschmacksempfindungen sollte man zur Kenntnis nehmen und sich nicht weiter lange mit ihnen beschäftigen. Es ist müßig, über sie zu diskutieren. Diese Geschmacksmuster sind, wie sie sind. Es ist unsinnig zu sagen, diffuse Gründe für Geschmack sind richtig oder falsch. Hüten Sie sich vor Diskussionen, bei denen es um diffuse Kriterien für Geschmack geht. Sie führen zu nichts und können ohne Ende immer weitergesponnen werden – schade um Ihre Zeit.

Viel ergiebiger ist die Diskussion darüber, wie unser übernommener Geschmack durch unsere Umwelt beeinflusst wurde. Das lässt sich durch Beobachtung und Recherche gut aufdecken. Schauen Sie bewusst in ihre Familie, ihre Freunde, ihr Umfeld. Wie ein Detektiv kann man sich auf Spurensuche begeben, um Gründe für den eigenen Geschmack aufzudecken. Es ist eine Reise einerseits in die Vergangenheit, andererseits muss man die Gegenwart bewusst wahrnehmen, um die Einflüsse zu erkennen. Das hilft uns bei der Gewichtung, da wir zwischen schnellen Moden und dem beständigen Anteil unseres Geschmacks unterscheiden lernen. Das hat noch gar nichts mit einer ästhetischen Bewertung zu tun. Wir analysieren erst noch und lernen uns selbst dabei besser kennen. Es ist, als würde unser Geschmack bei Sigmund Freud auf der Couch liegen. Lassen Sie ihn sich erst mal ruhig alles von der Seele reden. Es ist gut, wenn wir unseren Geschmack einmal so weit es möglich ist, von außen betrachten. Ihn nicht als gegeben und richtig hinnehmen, sondern ihn kritisch hinterfragen.

Das führt uns zu den erarbeiteten Motiven. Je mehr wir uns mit Geschmacksfragen auseinandergesetzt haben, sie von verschiedenen Seiten beleuchtet und untersucht, geschichtliche und gesellschaftliche Zusammenhänge erkannt haben, desto reifer wird unser Geschmack sein. Wir werden zum Experten, denn wir können Gründe angeben, warum etwas geschmacklich besser oder schlechter ist. Wissen, das zu Verstehen führt, ist hier das Schlüsselwort. Ich kann eine bestimmte Musikrichtung ablehnen. Nun kann es sein, dass eine Musik anfängt, mir zu gefallen, wenn ich mehr über sie erfahre und verstehe, warum sie klingt, wie sie klingt. Generell kann das bei Kunst passieren. Durch die Auseinandersetzung verstehe ich das Betrachtete besser, meist ist es dann nur noch ein kleiner Schritt zum Gefallen. Mein Wissen hat meinen Geschmack direkt beeinflusst. Es ist erstaunlich, wie offen unser Geschmack ist. Wir müssen es ihm nur zutrauen.

Was ist er denn nun, der gute Geschmack? Gibt es so etwas wie allgemeine Regeln? Ganz so einfach ist es leider nicht. Die alten Griechen, und nicht nur die, haben immer wieder versucht, Regeln für die Schönheit aufzustellen. Der Bildhauer Praxiteles hat eine ganze Reihe solcher Regeln für die menschliche Figur festgelegt. So sollte der Kopf siebenmal in den Körper passen und dreimal zwischen die Schultern. Diese Regeln nannte er den Kanon. Der sollte den Künstlern helfen, einen Maßstab an der Hand zu haben, um Schönheit zu verwirklichen. Es wurde versucht, Schönheit mathematisch zu berechnen.

Die Anzahl der um den griechischen Tempel herumlaufenden Säulen war an der längeren Seite doppelt so groß plus eins wie an der schmaleren Seite. Die schmalere Seite hatte also n Säulen, die längere demnach $2n+1$. Das ist ein gutes Verhältnis, das man oft anwenden kann. Die lange Seite war nicht nur doppelt so lang, sondern eben um eine zusätzliche Maßeinheit länger. Gerade weil wir das metrische System gewöhnt sind, lassen wir uns von ihm gerne beherrschen. Diese Regel bewahrt uns davor, zu gleichförmig zu gestalten. Die Regel kann man gerne variieren zu $2n-1$. Ungerade Zahlen haben ihren Charme und spielen in unserem ästhetischen Empfinden eine größere Rolle als gerade Zahlen. Eine ungerade Anzahl von Dingen wirkt interessanter als eine gerade. Diese Regel hat sich beim Blumenkauf erhalten. Man nimmt eine ungerade Anzahl an Schnittblumen, weil die sich, gerade wenn man kein riesiges Bouquet hat, in der Vase besser machen als eine gerade Anzahl. Eine Blume oder drei oder fünf Blumen sehen für uns schöner aus als eine gerade Anzahl. Die ungerade Zahl lässt uns Gruppen um eine, die im Zentrum steht, bilden. Das empfinden wir als harmonisch.

Der Goldene Schnitt ist ebenso ein Instrumentarium, um Harmonie zu berechnen. Eventuell von den Griechen schon entdeckt, da ist sich die Forschung uneins, ich würde es ihnen freimütig zugestehen, liefert der Goldene Schnitt eine mathematische Formel, die zu einem für uns Menschen harmonischen

Ergebnis führt. Es schadet also gar nicht, sich einmal näher damit zu beschäftigen. Fotografen richten sich ganz grob nach einem vereinfachten Goldenen-Schnitt-Schema. Das ist die Drittel-Regel. Der Horizont zum Beispiel könnte bei zwei Drittel des Bildes liegen, das obere Drittel ist Himmel, die unteren zwei Drittel sind Landschaft. Das ist eine ganz brauchbare Faustregel für alle, die etwas gestalten.

Eine andere sei an dieser Stelle gleich mit erwähnt, das ist die Symmetrie. Wir Menschen finden Symmetrisches als angenehm. Bei den Blumen in der Vase haben wir das gerade kennengelernt. Symmetrie vermittelt uns Ruhe und Sicherheit in einer ansonsten chaotischen Welt. Das haben wir von unseren frühen Vorfahren übernommen. Symmetrische Formen können wir gut und schnell erfassen, und das gibt unserem Gehirn Sicherheit. Alles, was es schnell verarbeiten und in die entsprechende Schublade stecken kann, stellt keine Bedrohung mehr da. Chaotisches, Unübersichtliches und Nichteinordbares verursacht bei uns Stress von der schlechten Sorte. Bei zwei Blumen müssen wir uns zwischen der einen oder der anderen entscheiden, und das stresst uns. Bei drei Blumen übernimmt eine die zentrale Position, und die anderen gruppieren sich symmetrisch um das Zentrum herum.

Ein Nachteil besteht bei der Symmetrie. Wir finden sie schnell langweilig. Darum teilt der Goldene Schnitt eine Strecke ja auch nicht genau in der Hälfte – das wäre einfach nur fade. Darum haben wir drei Blumen und nicht nur zwei im Strauß. Das haben schon englische Landhausbesitzer erkannt, und darum haben sie eine praktische Regel für ihren Kaminsims aufgestellt. Der sollte symmetrisch dekoriert werden, also zwei Vasen, zwei Leuchter, zwei Nippesfiguren.

Doch ein Stück, zum Beispiel das Familienbild im Silberrahmen, sollte asymmetrisch eingefügt werden. Die Symmetrie ist gewahrt, aber das eine Stück, das die Anordnung nicht grundsätzlich ins Chaos stürzt, schützt vor zu viel langweiliger Gleichförmigkeit. Die bewusste Brechung der Symmetrie schafft Spannung und weckt Interesse in unserem Gehirn. Denn diese scheinbare Störung irritiert ein wenig, nicht zu sehr, und das finden wir interessanter als sture Symmetrie. Eine Brosche kann zum Beispiel eine solche kleine Störung an einem Kleidungsstück darstellen oder der Schönheitsfleck von Cindy Crawford.

Symmetrie heißt nicht nur, dass die Formen gleich angeordnet sind. Sie kann sich auch auf das Material oder die Farbe beziehen. Das schafft Gleichheit in der Verschiedenheit.

Guter Geschmack hat mit innerem Zusammenhang zu tun. Ein roter Faden, der die Einzelteile miteinander verbindet und dem scheinbaren Chaos Ordnung gibt. In der Natur sehen wir die geordneten Formen, manche Pflanzen sind sogar nach dem Goldenen Schnitt geformt. Wir brauchen nur die Adern eines Efeublattes anzusehen, deren Längen sich nach dem Goldenen Schnitt verhalten. Das Blattgrün schafft den roten Faden im ansonsten chaotischen Wald. Wir Menschen werden davon geprägt und werden bis heute davon beeinflusst.

Das sind Richtlinien, an denen man sich orientieren kann. Sie helfen uns, unser Geschmacksempfinden zu entwickeln. Sie sind nicht in Stein gemeißelt, und gerade der spielerische Umgang mit ihnen macht es interessant. Über Geschmack muss man nachdenken, gerade als jemand, der mit seinen Händen etwas herstellt. Wir wollen das, was wir machen, handwerklich und ästhetisch gut machen. Das sind Gründe, warum wir etwas mit der Hand machen und nicht fertig aus der industriellen Produktion kaufen. Wer eine halbe Stunde einen Brotteig geknetet hat, wird ihn nicht lieblos auf das Backblech knallen. Außer derjenige oder diejenige hat einen schlechten Geschmack.

Zwischen gutem und schlechtem Geschmack gibt es eine Schnittmenge. Kann es das geben, dass etwas gleichzeitig geschmackvoll und hässlich ist? Ich meine damit nicht Hässliches, das zum guten Geschmack zu zählen ist. Oft ist Kunst hässlich und trotzdem gute Kunst. Das Porträt von Dürers ausgezehrter Mutter ist hässlich, trotzdem ist es große Kunst und nicht schlechter Geschmack. Gute Kunst fällt auf jeden Fall unter den guten Geschmack. In die Schnittmenge zwischen gutem und schlechtem Geschmack fällt zum Beispiel manche Form und manche Verwendung von Kitsch. Eigentlich ist er hässlich, aber gerade das macht ihn auch schon wieder schön. Wird Kitsch in einer ironisierenden Weise gebraucht, kann er schön werden. Manchmal hat Kitsch etwas Naives, das ins Menschliche, zumindest ins Menschelnde kippen kann. Das kann berührend und durchaus mit gutem Geschmack vereinbar sein. Manchen Schlager kann man mit gutem Gewissen dem schlechten Geschmack zuordnen, und gleichzeitig haben sie entweder den Status eines Klassikers erreicht oder sind naiv berührend. Spontan würde mir »Ein Bett im Kornfeld« als Beispiel einfallen, das als Schlager seine guten Momente hat. Für alle, die mir bei diesem Beispiel nicht zustimmen, sei gesagt, dass daran die Schwierigkeiten des Themas deutlich werden. Wir bewegen uns in fließenden Grauzonen, trotzdem gibt es dabei Tendenzen, die viele Menschen gleich empfinden. Diese in sich widersprüchliche Schnittmenge birgt spannendes Potenzial in sich.

Neben dem guten und schlechten gibt es einen individuellen Geschmack, der mit beiden eine Schnittmenge hat. In ihm sind unter anderem jene diffusen Kriterien vertreten, die weiter oben besprochen wurden. Mein Sohn hat eine Zeit lang gerne Lachs mit Schokocreme gegessen. Das halte ich persönlich für sehr diffus, also von seinen Eltern hatte er das nicht übernommen. In diese Menge fallen persönliche Vorlieben, die im Subjekt begründet liegen. Man sollte zu ihnen eine bewusste Haltung einnehmen, um sie nicht zu wichtig zu nehmen. Solche individuellen Geschmäcker allgemeingültig anzusehen, ist ein weitverbreiteter Fehler. Dazu stehen kann man und sie ausleben ebenso, als bewusste Abgrenzung zum gesellschaftlich normativen Geschmack. Viele Jugendmoden fallen darunter. Man denke nur an die frühen Punks, die einen individuellen Ausdruck schufen, der zwischen gutem und schlechtem Geschmack changierte. Bemerkenswert, wie schnell sich die Industrie diese Stilmerkmale einverleibte, um sie in aufgehübschter Form auf den Markt zu werfen. Lassen sich Modedesigner und Modedesignerinnen von Streetwear beeinflussen, dann passiert etwas ganz Ähnliches. Hässliches kann geadelt werden. Der provokante Totenschädel auf den T-Shirts der Punks wird, mit Glitzersteinen besetzt, inzwischen von Großmüttern getragen.

Auf verschiedenen Ebenen der Gesellschaft bildet sich heraus, was zum guten oder schlechten Geschmack gezählt wird. Nicht die gesamte Menge, manche Dinge wie der goldene Schnitt kommen nie aus der Mode, genauso wenig Formen wie die Spirale oder die Kugel. Gewisse Anteile sind ein Konstrukt der jeweiligen Gesellschaft mit ihren verschiedenen

Schichtungen. Andere Dinge bleiben wahrscheinlich für immer drin. Oder könnte man sich eine Gesellschaft vorstellen, die Mozarts Klavierkonzert in d-Moll als geschmacklos bezeichnen würde? Menschen bringen zwar vieles zustande, aber das? Genauso werden die Höhlenmalereien von Chauvet oder Lascaux für alle Zeiten als geschmackvoll gelten. Weil in diesen Werken das ausgedrückt wird, was den Menschen zum Menschen macht. Auch wenn die Höhlenmaler hauptsächlich Tiere gemalt haben, geht es dabei um uns Menschen.

Diese beiden Beispiele führen uns in Unterbereiche des guten Geschmacks. Dieser lässt sich aufteilen in archaischen, klassischen und manieristischen Geschmack. Zu dem archaischen Geschmack zählt der Genuss einer rohen Karotte, am besten frisch aus dem eigenen Garten. Klassisch wird sie gedünstet, und mit Zucker karamellisiert ist sie manieristisch zu nennen. Diese Dreiteilung findet sich in den Kunststilen wieder, selbst in einem einzigen Künstlerleben können alle drei Stufen durchgearbeitet werden.

Klare und einfache Formen sind dem Archaischen zugeordnet, und sie kommen eher mit dem Vorschlaghammer daher. Eine Bierflasche mit Bügelverschluss spiegelt für mich diese Qualitäten wider. Praktisch und gut sowie einfach und ohne Schnickschnack. Geradeheraus wie er ist, spricht der archaische Geschmack Urinstinkte in uns an. Anfänger beginnen üblicherweise damit und steigern sich durch Übung, da für manieristische Formen oft mehr handwerkliche Erfahrung nötig ist. Das heißt aber nicht, dass dies als besser oder hochwertiger anzusehen ist als archaische Formen. Bei uns Hand-Werkern und Hand-Werkerinnen ist es ganz im Gegenteil oft der Fall, dass man an einem Stück sein ganzes Können zeigen möchte und ins Manierierte abrutscht. Können bedeutet auch, ästhetisch achtsam vorzugehen.

Ein Zuviel muss wohl geplant sein, und es muss Sinn machen. Für den manieristischen Geschmack braucht es Fingerspitzengefühl und Stilsicherheit und eventuell eine gehörige Portion Mut. Das bekannte Bühnenoutfit von Madonna, die von Jean-Paul Gaultier entworfene Korsage, wäre ein Beispiel dafür.

Der klassische Geschmack nimmt eine mittlere Position ein. Mit ihm kann man nichts verkehrt machen. Egal, mit welchem Material man arbeitet, es gibt immer eine klassische Lösung für ein gestalterisches oder technisches Problem. Klassisch bedeutet mustergültig, vorbildlich und zeitlos. An dieser Stelle fließt die handwerkliche Tradition hinein. Es hat seine Berechtigung, warum derartige Traditionen durch die Zeit gereist sind und nichts von ihrer ästhetischen Gültigkeit eingebüßt haben. Eine gezinkte Schublade zum Beispiel erfüllt alle nur denkbaren Kriterien. Es ist nicht die aufregendste und spannendste Lösung, sie ist eben klassisch.

Geschmack kennt keine Grenzen. Gerade deswegen ist es wichtig, ihn zu schulen. Würden wir nicht alle lieber in einer geschmackvollen Welt leben wollen? Alle, die mit ihren Händen arbeiten, können dazu beitragen. Eine schöne Welt hilft, eine gute Welt zu erschaffen.

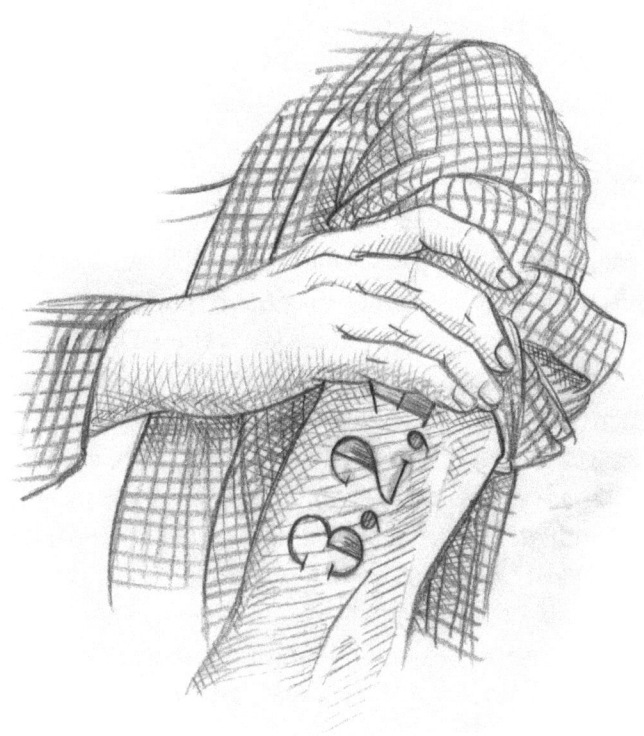

WIR REITEN AUF DEM INNEREN SCHWEINEHUND VOM PLAN IN DIE WIRKLICHKEIT

Ideen, Pläne und Vorhaben bilden einen guten Ausgangspunkt für unser Werk. Alleine, ach, der Geist ist willig, doch das Fleisch ist schwach. Die tollsten Pläne helfen nichts, wenn wir sie nicht umsetzen. Dieser Übergang von der Theorie in die Praxis ist vielleicht der schwerste Schritt, den die

Hand-Werkerin und der Hand-Werker hinter sich bringen muss. Es ist jedes Mal eine Überwindung, vielleicht auch nur eine ganz kleine, mit einem Projekt zu beginnen. Es mag uns nicht bewusst sein, aber es braucht Mut, die geistigen Vorstellungen in eine ausführende Handlung zu übersetzen. Theorie und Praxis passen nicht immer so gut zusammen, Fehlschläge und Niederlage mag unser Werk nach sich ziehen, Enttäuschung am Ende auf uns warten. Das macht uns Angst. Wie gesagt, vielleicht gar nicht so bewusst und nur so wenig, dass es sich unserer Aufmerksamkeit entzieht.

Sie gehen frisch und freudig ans Werk, froh, endlich zur Tat schreiten zu dürfen? Wunderbar, dann lassen Sie sich nicht aufhalten. Nur manchmal gelingt der Übergang nicht so mühelos. Die Mauer zwischen Plan und Ausführung erscheint uns zu hoch, als dass wir sie mit einem Sprung überwinden könnten. Bekannter ist dieses Phänomen bei Schriftstellerinnen und Schriftstellern als Angst vor dem weißen Blatt Papier.

Verschiedene Ängste mögen dabei eine Rolle spielen, Ehrfurcht vor dem Material, Zweifel an Idee und Können oder, und das mag vielleicht die häufigste Ursache für Umsetzungsprobleme sein, schlicht und einfach Trägheit und Bequemlichkeit. An denen scheitern viele Menschen, zum Beispiel mit ihrem Vorhaben, regelmäßig Sport zu machen. Kommt ihnen irgendwie bekannt vor?

An dieser Stelle kommt unsere Goldene-Zeit-Regel als abgewandelte Drei-Minuten-reichen-Regel wieder zum Einsatz. Fangen Sie erst einmal mit drei Minuten an, wenn es ihnen danach immer noch keinen Spaß macht, dürfen Sie neu mit sich verhandeln. Bis es so weit ist, nehmen Sie das Werkzeug und das Material und fangen Sie einfach an. Und vertrauen Sie mir, nach drei Minuten wollen sie gar nicht mehr aufhören.

Für alle, die trotzdem Respekt vor der Umsetzung haben, empfehle ich, spielerisch zu beginnen. Nehmen sie Druck aus der Situation, probieren Sie ein wenig unverbindlich herum und fangen Sie sozusagen durch die Hintertür mit dem Arbeiten an. Meistens wird man hinterher nicht verstehen, warum man sich so angestellt hat. Das war doch gar nicht so wild, denken Sie sich und nehmen diese Erfahrung mit zur nächsten Gelegenheit.

Es hilft, sich warm zu werkeln, um unser Gehirn in den Werker-Modus zu versetzen. Jeder Sportler, jede Sportlerin, jede Musikerin und jeder Musiker gehen genauso vor. Es geht nicht nur darum, die Muskeln vorzubereiten, sondern uns insgesamt in den entsprechenden Modus zu setzen. Dabei werden die benötigten Areale im Gehirn hochgefahren und auf Touren gebracht. Wir machen uns startklar zum Werken. Gehen Sie im Kopf die einzelnen Schritte durch, visualisieren Sie ihre Handgriffe. Das hilft, Fehler zu vermeiden. Gerade beim Umgang mit Maschinen ist Konzentration und Aufmerksamkeit nötig.

Beim Umsetzen einer Idee und eines Plans empfiehlt es sich, sich zwischendurch an seine ursprüngliche Idee zu erinnern. Manchmal lassen wir uns zu weit forttragen und verlieren unser eigentliches Ziel aus den Augen. Es schadet nicht, gelegentlich herauszuzoomen und eine Standortbestimmung vorzunehmen. Bin ich noch auf meinem Weg? Vielleicht hat sich mein Ziel unterm Arbeiten geändert. Beim Werken können neue Ideen, Veränderungen und Modifikationen auftreten, die man abwägt und gegebenenfalls berücksichtigt. Stur an einem Plan festhalten, nur weil es ein Plan ist, führt nicht immer zum erhofften Ziel. Flexibilität ist im Hand-Werk nötig. Allein schon deshalb, weil das Material seine Tücken hat. Bei einem Stück Holz kann an unerwarteter Stelle ein Ast auftauchen, der umschifft werden muss. Eventuell bemerkt man einen Denkfehler in seiner Planung, der unangenehm präsent wird oder man hat sich einfach vermessen. Etwas, das bei mir mit einer beängstigenden Regelmäßigkeit vorkommt.

Daher mein Tipp (und das schreibe ich jetzt eher so als Erinnerung an mich selbst):

- Miss genau ab, setze deine Brille zum Ablesen auf und kontrolliere das Maß.
- Notiere das Maß leserlich und notiere, was abgemessen wurde.
- Kontrolliere das Maß und deine Notizen erneut.

Ich bin der festen Überzeugung, ich kann mir 23,8 Zentimeter ganz leicht merken. Kann ich, für genau drei Sekunden. Denn dann fällt mir dazwischen etwas anderes ein oder eine Schraube fällt runter und muss aufgehoben werden, und schon verschwindet die Zahl aus meinem Kopf. Ich weiß, ich habe da eine Schwachstelle. Ich fing an, die Maße aufzuschreiben, skribbelte sie irgendwo hin und verbrachte lange Zeit damit zu rätseln, ob es eine zwei oder eine sieben war, die ich hingeschmiert hatte. Ein Zahlendreher im Kopf und der Ärger ist vorprogrammiert. Darum lieber ein Maß zu viel aufgeschrieben als eines zu wenig und das noch schlampig.

Damit komme ich zum nächsten Thema:

Verzeihen Sie meine indiskrete Frage, aber was tragen Sie beim Hand-Werken? Kleider machen Hand-Werkerinnen und Hand-Werker.

Die Kleidung hängt von der Tätigkeit ab. Beim Stricken ist ein Blaumann nicht unbedingt nötig und im Smoking ein Rohr abzuflexen ist nobel, aber dennoch übertrieben. Das scheint offensichtlich, nur ganz ehrlich, für mich ist dieses Prinzip manchmal zu kompliziert. Es kam schon vor, dass ich im Anzug, nur weil ich ein paar Minuten Zeit hatte, noch schnell mal eine Leiste überstrichen habe mit dem zu erwartenden Resultat. Über der rechten Seitentasche prangt seitdem ein weißer Lackstrich. Kleber ist mir auf nagelneue Schuhe getropft, weil ich der Meinung war, für diese kleine Arbeit rentiert es sich nicht, die Schuhe zu wechseln. Oder kennen Sie das, man will im Garten nur schnell dieses eine Kraut ausreißen, und wenn man sich das nächste Mal aufrichtet, ist man eine Stunde in den guten Hosen durch die Beete gekrochen?

Es gibt Tätigkeiten, die erfordern geradezu angepasste Kleidungsstücke. Wer mit elektrischen Geräten hantiert, darf keine lockeren Kleidungsstücke tragen, die sich verheddern und zu einer Verletzungsgefahr werden können. Genauso ist auf Schmuck, Ringe und Halsketten besonders zu achten. Kurz, die Sicherheitsvorschriften, die an jedem anderen Arbeitsplatz eingehalten werden müssen, sollten genauso zu Hause gelten. Sicherheit muss vorgehen. Auch wenn es bedeutet, das Feierabendbier wirklich erst nach Feierabend zu trinken.

Ich habe Kleidung in verschiedenen Stadien, die je nach zu vermutendem Verschmutzungsgrad angezogen wird. Es sind darunter T-Shirts, mit denen ich im Garten arbeite, aber zur Not schnell rüber zum Bäcker laufen kann, bis hinunter zu jenen Stücken, die ich für Malerarbeiten aufhebe, da sie hinterher auf jeden Fall entsorgt werden müssen. Dazu trage ich immer eine Arbeitsschürze. Das kann ich nur empfehlen.

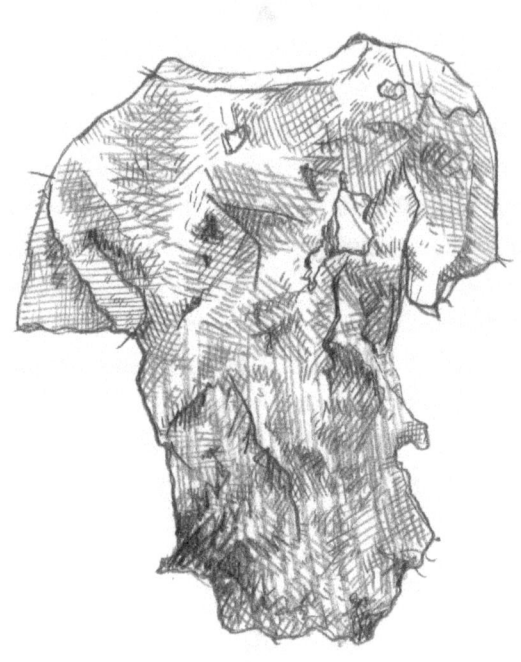

Schürzen sind schnell und leicht selbst genäht, und ich habe bei jeder Tätigkeit eine an. Meine Kochschürze trage ich in der Küche, eine nur im Garten, eine beim Malen mit Öl, eine für nicht schmutzende Arbeiten und das älteste Modell, noch aus meiner Lehre, hängt in der Garage griffbereit für staubige und Dreck machende Werke. Das Umbinden der Schürze ist fast schon ein symbolischer Akt der mir selbst signalisiert, jetzt geht es an das entsprechende Werken. Mein Gehirn verbindet die Schürze mit der Tätigkeit und fährt schon mal vorsorglich die entsprechenden Regionen hoch, die als Nächstes benötigt werden.

Zur Kleidung gehören selbstverständlich die zur Tätigkeit passenden Schutzausrüstungen wie Schutzbrille, Gehörschutz,

Atemschutz und Handschuhe. Sie meinen, richtige Hand-Werker und Hand-Werkerinnen brauchen derlei Firlefanz nicht? Gut, Ihre Entscheidung. Aber die falsche!

Beim Arbeiten mit Papier müssen sie keine Schuhe mit Stahlkappen tragen, beim Hantieren mit Betonteilen freuen sich Ihre Zehen über das bisschen Stahl obendrüber durchaus. Ich arbeite ja gerne auf dem Boden, knie mich gerne hin und habe mich nach vielen Jahren dazu durchgerungen, mir Knieschoner zu leisten. Hinterher habe ich mich so geärgert, warum ich sie nicht schon vor Jahren gekauft habe. Jetzt tun mir die Knie nicht mehr so weh, wenn ich im Anzug schnell die Gehwegplatten neu verlege.

Es würde hier den Rahmen sprengen, auf alle Sicherheitsaspekte hinzuweisen. Ich plädiere an Ihre Selbstverantwortung und Ihren gesunden Menschenverstand. Denn ein Stuhl auf vier Bierflaschen ersetzt definitiv keine Leiter.

Der nächste Punkt, an den ich Sie erinnern will, klingt banal und dennoch birgt er Frustrationspotenzial. Setzen Sie Ihr Werk Schritt für Schritt und der Reihe nach um. Wie gesagt, bin ich ein ungeduldiger Mensch und überspringe gerne mal lästige und zeitaufwendige Zwischenschritte. Mit frustrierenden Ergebnissen. Wir täuschen uns, wenn wir glauben, so schneller ans Ziel zu kommen. Genau das Gegenteil wird der Fall sein. Umsetzung braucht seine Ordnung.

Dabei schafft Umsetzung Ordnung. Es ist befriedigend zu erleben, wie wir einen Plan in die Wirklichkeit umsetzen. Hier stärkt uns das Hand-Werken, und wir erfahren, wie man ein Vorhaben in die Wirklichkeit bringt. Das kann für unser Leben nützlich sein. Zum Beispiel, wenn wir das mit dem regelmäßigen Sport in Angriff nehmen wollen.

FRUST, VERZWEIFLUNG,
MISSERFOLG - HER DAMIT!

Mit den Händen arbeiten ist mühsam, mitunter frustrierend, erfordert Kraft und Ausdauer. Das klingt fast nach einem Sportler oder einer Sportlerin, die sich auf Olympia vorbereiten. Hand-Werk, das will ich hier nicht verschweigen, ist nicht nur heile Welt und macht nicht immer glücklich. Bisher habe ich es in den schönsten Farben gezeichnet, doch ich muss mit Ihnen ehrlich sein. Es gibt eine dunkle Seite des Hand-Werks, die in allen Ratgebern und Anleitungsbüchern, in allen Videos und in den Sozialen Medien verschwiegen wird. Das sind die schlimmen Stunden voller Verzweiflung, Frustration und Ärger.

Das kann unterschiedliche Gründe haben. Manchmal stecken wir in einem Projekt fest und kommen nicht weiter. Die Lösung zeichnet sich noch nicht ab, und wir sind frustriert. Ein anderes Mal klappt rein gar nichts. Ich habe schon einmal einen Reißverschluss aus dem Fenster geworfen, weil er mich beim Einnähen so geärgert hat. Teures Papier habe ich in blinder Wut zerrissen, weil ich mit der Zeichnung einen Fehler gemacht habe, der nicht mehr zu korrigieren war. Hinterher fiel mir ein, dass ich auf der Rückseite ja hätte neu anfangen können, nur da war es schon zu spät. Manchmal ist es einfach zum Verzweifeln, und man muss sich irgendwie abreagieren.

Ich habe einmal einen großen Kronleuchter aus Papierblumen hergestellt. Hunderte von Blütenblättern mussten ausgeschnitten und zusammengeklebt werden. Immer wieder lösten sich die Klebestellen, und ich konnte von vorne beginnen. Frustriert zerdrückte ich eine der Blüten in meiner Hand, was ein kurzfristig befreiendes Gefühl war, aber noch mehr Arbeit nach sich zog.

Jeder Hand-Werker und jede Hand-Werkerin kennen die Situation, dass etwas passen müsste, aber nicht passt. Zum Beispiel lässt sich eine Mutter nicht auf die Schraube setzen oder die Bohrlöcher sind auf unerklärlicher Weise versetzt. Das kann einen in den Wahnsinn treiben, und am liebsten würde man alles hinschmeißen. Deswegen fliegt manchmal einfach ein Hammer durch die Werkstatt. So viel Frust! Vom

Glück ist in solchen Momenten kein Zipfelchen zu sehen. Fehlende Selbstbeherrschung, werden jene altklug feststellen, die noch nie ein längeres Projekt mit ihren Händen ausgeführt haben. Da kommt es fast zwangsläufig zu solchen Szenen. Sie zeigen die große emotionale Anteilnahme an dem, was wir machen. Man steckt mit jeder Zelle in dem Prozess, das schafft einerseits große Freude, andererseits ist der Frust vorprogrammiert.

Verzweiflung gehört zum Machen dazu.

Genauso gibt es immer langweilige Tätigkeiten auszuführen, die einem nicht viel Spaß machen. Auch kommt es vor, dass man handwerklich an seine Grenzen stößt. Der nächste Arbeitsschritt ist uns noch nicht so vertraut oder wir machen ihn überhaupt zum ersten Mal. Ihn anzupacken erfordert eine Portion Mut. Wenn wir den Mut nicht aufbringen und einen schwierigen Arbeitsschritt vor uns herschieben, ist das frustrierend. Oft schieben wir ohne Grund das, was wir machen wollen, vor uns her. So vieles entsteht nicht, weil wir unseren Hintern nicht hochbekommen und unsere Hände nicht aus den Hosentaschen. Wir vergeuden wertvolle Zeit, die uns helfen würde, glücklich zu werden. Auf dem Sofa zu chillen ist wichtig, doch was Gutes zu machen ist wichtiger. Wir fühlen uns gestresst, weil wir zu wenig von dem Richtigen und zu viel von dem Falschen machen. Wir sind faul und bequem, obwohl wir hektisch durchs Leben hetzen. Diesen Widerspruch zu erkennen und ihn aufzulösen, gegen den allgemeinen Trend, dabei hilft uns das Hand-Werk.

Wir müssen eine alte Tugend aktivieren, die heute nur noch selten angeführt wird. Hand-Werk braucht Selbstdisziplin. Sie hat einen schlechten Ruf in unserer Gesellschaft, in der uns vorgegaukelt wird, alles sei kinderleicht und mache

Spaß. *Plug and Play* in allen Lebenslagen. Nur schaut die Realität anders aus.

Selbstdisziplin hört sich nach alter Schule, nach Drill und gebrüllten Befehlen, nach Aufstellen in Reih und Glied und blindem Gehorsam an. Selbstdisziplin ist scheinbar nicht sexy und passt nicht in unser Bild vom modernen Menschen. Doch Selbstdisziplin ist ganz etwas anderes als Drill und Gehorsam.

Haben Sie schon mal Sahne mit dem Schneebesen steif geschlagen? Es ist eine gute Übung in Selbstdisziplin. Denn nur mit ihr werden Sie es schaffen, das Schlagen durchzuhalten. Spätestens nach einer Minute werden Sie das elektrische Handrührgerät aus der Schublade holen wollen. Es ist überraschend anstrengend und scheint ewig zu dauern. Es braucht Selbstdisziplin, um über diesen Punkt zu kommen, an dem man schon aufgeben will. Doch gerade das ist genau der Punkt, an dem das Glück einsetzt. Wir freuen uns über uns selbst, sind zufrieden und wenn wir es geschafft haben, auch stolz, und das nicht nur beim Sahneschlagen mit der Hand.

An dieser Stelle soll das Misslingen nicht unter den Tisch gekehrt werden. Das muss man einkalkulieren und lernen, auszuhalten. Hand-Werk kann nicht nur glücklich machen, sondern auch unglücklich. Es frustriert uns, und wir sind enttäuscht von uns selbst, weil es uns das Gefühl gibt, versagt zu haben. Genau darin liegt seine Stärke. Wir müssen im Leben lernen, mit Misserfolgen auszukommen. Beim Selbermachen können wir das einüben und uns und unsere beteiligten Gefühle kennen lernen. Dann ist unser Umgang mit der Frustration beim nächsten Mal ein anderer. Das schmerzt genauso, nur haben wir erfahren, dass wir es aushalten können.

Gerade im Bereich des Selbermachens gibt es in den Lifestyle-Magazinen und Sozialen Medien eine scheinbar perfekte Welt. Nur Erfolg und das Gelingen wird gezeigt, Fehlschläge passen nicht zu den Hochglanzbildern. Hand-Werk hingegen ist eng mit dem Scheitern verbunden. Doch das ist in unserer modernen Gesellschaft nicht erwünscht und wird nicht thematisiert, es sei denn als hämisches Auflachen des unbeteiligten Beobachters.

Kindern wird heute vermehrt das Erleben von Scheitern und Frust vorenthalten. Sollte es dennoch dazu kommen, werden die Gründe nicht bei sich, sondern bei anderen gesucht. Diese weitverbreitete Einstellung kann so weit führen, dass ganze Gruppen für gesellschaftliche oder persönliche Probleme verantwortlich gemacht werden, und Populisten nutzen das zu ihrem Vorteil aus. Darum ist es wichtig, sich in einem geschützten Umfeld, wie man es beim Hand-Werken hat, scheiternd zu erleben. Man spürt ganz direkt die eigene Verantwortung beim Misslingen.

Shit happens oder wie man auch sagen kann: Das Werk geht manchmal den Bach runter.

Ich habe schon oft Lehrgeld gezahlt, zum Beispiel beim Backen: Das Brot roch wunderbar, und ich holte es stolz aus dem Ofen. Die Kruste war perfekt, und ich schnitt die noch warme erste Scheibe herunter. Sie schmeckte furchtbar. Ich hatte das Salz vergessen. Das sind Momente, da ärgert man sich wahnsinnig über sich selbst. Ich konnte das niemandem in die Schuhe schieben. Meine Frau hatte mich nicht abgelenkt (ansonsten eine beliebte Ausrede), meine Kinder waren nicht lautstark durchs Haus getobt, selbst das Telefon hatte nicht zwischendurch geklingelt. Ich war ganz allein schuld daran, und das ärgerte mich. Als mir das Brot ein späteres

Mal verbrannte, weil ich einfach beim Surfen im Internet die Zeit übersehen hatte, war ich wieder wütend und frustriert, nur konnte ich das Gefühl dann schon besser einordnen und so vernünftig mit ihm umgehen.

Noch schlimmer ist es, wenn das, was wir machen, nicht so gut wird, wie wir es uns erhofft und vorgestellt haben. Das nagt am Selbstwertgefühl, und man hält sich für einen Versager. Eben weil es an unserem Können und an der Umsetzung liegt, vielleicht war die Idee von Anfang an nicht so gut. Momente des Selbstzweifels folgen, da wir so intensiv mit dem, was wir machen, verwoben sind. Ganz ehrlich, das sind keine guten Gefühle, mit denen wir umzugehen lernen müssen. Es ist heilsam, es hier zu erleben, in dem geschützten Bereich des Hand-Werkens. Wir lernen uns selbst dadurch besser kennen, denn mit Momenten des Selbstzweifels umzugehen ist für jeden Menschen eine Herausforderung. Darum hat Hand-Werk einen durchaus therapeutisch zu nennenden Nebeneffekt.

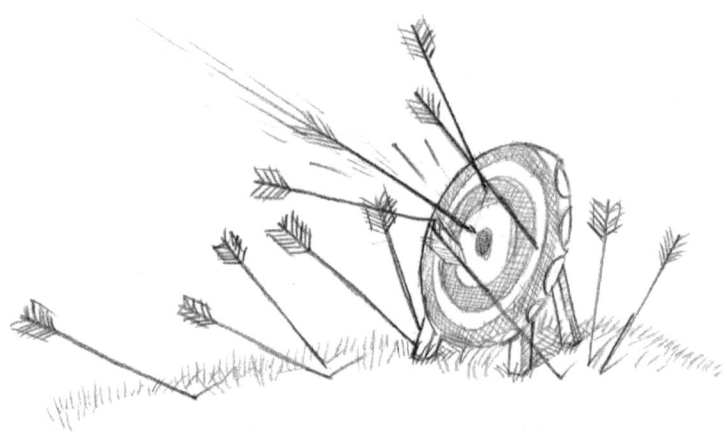

Durch die Erfahrung scheitern wir nicht weniger, auch wenn ich jetzt jedes Mal genau aufpasse, das Salz nicht zu vergessen. Nur scheitern wir besser. Aus der Erfahrung zu lernen, sie in das nächste Projekt zu integrieren, dazu braucht es Selbstdisziplin. Das Überwinden des Frusts und weitermachen, das ist nicht immer einfach. Gerade wenn man ein Hand-Werk erlernt, stellen sich Erfolgserlebnisse nicht automatisch ein. Meine Strickkarriere ist an der mangelnden Selbstdisziplin gescheitert. Als ich das Schreinern gelernt habe, waren meine ersten Sägeschnitte eine Katastrophe. Durch Übung wurden sie immer besser, bis ich sie richtig gut konnte. Wer aufgibt, hat schon verloren, zumal es beim Hand-Werk gar nicht ums Gewinnen geht, sondern ums Machen.

Die Erfahrungen lassen sich auf andere Tätigkeiten übertragen. Hand-Werk, also das Zusammenspiel von Hand und Kopf, wird verfeinert. Mit anderen Materialien und anderem Werkzeug lässt sich danach leichter arbeiten. Die Selbstdisziplin macht sich bezahlt. Wir lernen damit einfacher, halten Frustration und Misserfolge besser aus und kommen leichter über Durststrecken hinweg.

Gleich neben der Selbstdisziplin sitzt die Geduld. Beide hängen zusammen. Lernen und Machen erfordern Geduld. Wir sind heute ein *Sofort* in so vielen Lebensbereichen gewöhnt, dass Geduld nicht mehr eingeübt oder verlangt wird. Die sofortige Verfügbarkeit von Information, Dienstleistungen und Waren haben unseren Geduldsfaden beschnitten. Dass Dinge Zeit brauchen zum Wachsen und zum Entstehen, diese Vorstellung ist uns nicht mehr so präsent, da wir das nicht mehr direkt miterleben. Wer das ganze Jahr Erdbeeren kaufen kann, wird langsam vergessen, dass dafür eigentlich von der Natur eine bestimmte Saison vorgesehen war. Darum wirkt das Hand-Werk befreiend, weil wir uns an den natürlichen Zeitablauf halten müssen. Das erfordert Geduld und ist eben nicht mit einem Klick auf der Tastatur zu bewältigen. Wir erleben die Zeit, lernen Geduld durch Selbstdisziplin und kommen dabei ganz bei uns selbst an. Dieses Erleben trägt uns auch durch langweiligere Arbeiten, die stupide und stumpf, aber einfach nötig sind. Alle, die mit Holz arbeiten, empfinden das Schleifen der Oberfläche meist als öde. Ein Fortschritt bei der Arbeit ist nur langsam zu sehen, und die immer gleichen Bewegungen gehen einem schnell auf die Nerven. Da ist Motivation gefragt. Eine Strategie der Selbstdisziplin besteht darin, sich die Motivation für sein Tun vor Augen zu führen. Manchmal kann man sich belohnen, frei nach dem Motto: Das schleife ich noch fertig, und dann gibt es eine Tasse Kaffee und ein Stück Kuchen.

Ich bin überzeugt, dass man diese Art der produktiven Disziplin einüben kann. Je eher im Leben, desto besser. Denn das heißt, dass wir uns selbst motivieren können. Haben wir ein Projekt vom Anfang bis zum Ende durchgehalten, lernen wir aus dieser positiven Erfahrung und werden uns bei allen anderen, zukünftigen Projekten leichter tun. Genau das ist bereichernd. Also nichts wie her mit dem Frust und den Misserfolgen – wir Hand-Werkerinnen und Hand-Werker werden dadurch nur immer besser.

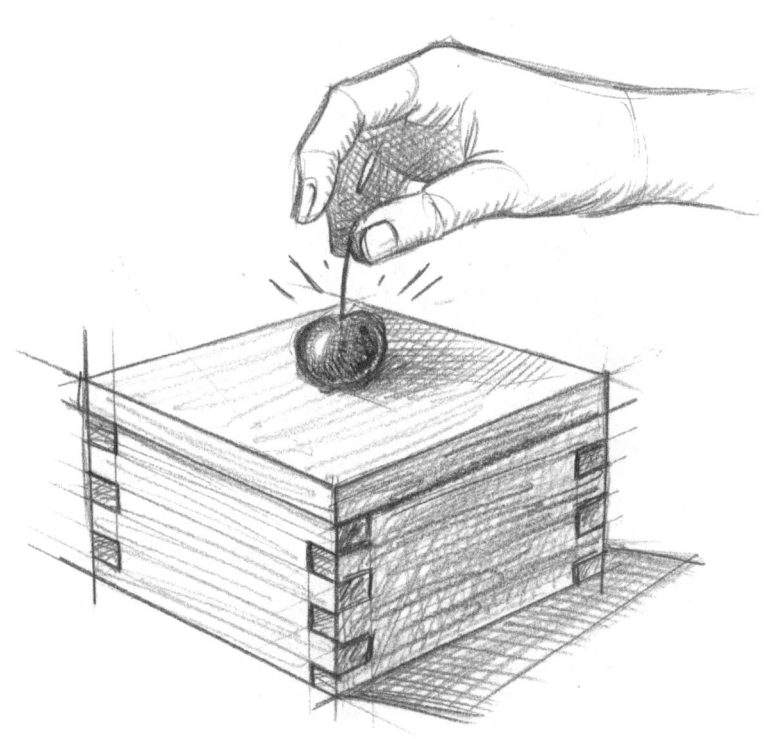

DAS ENDE IST DER ANFANG

Wann ist ein Werk beendet? Die Frage mag überflüssig erscheinen. Wenn es halt fertig ist, lautet die vernünftige Ant-
wort. Doch wann ist etwas fertig?

Philosophen haben die nervige Angewohnheit, selbst am
Ende noch einmal mit einer Frage um die Ecke zu kommen.
Also, wann ist der genaue Zeitpunkt, an dem das, was Sie mit
Ihren Händen hergestellt haben, fertig gestellt, abgeschlossen,

beendet ist? Nehmen wir das Brotbacken. Sind wir in dem Moment fertig, wenn es duftend aus dem Ofen kommt? Oder erst, nachdem es seinem Zweck zugeführt wurde und wir es gegessen haben? Da hat es definitiv seinen Endpunkt erreicht. Nur werden wir wieder einmal ein Brot brauchen, und dann fängt der Kreislauf von Beginn und Ende von Neuem an.

Werden und Vergehen, Anfang und Ende liegen hier nahe beieinander. Es sind Teile des Brotes, die ein Ende finden, nämlich dann, wenn das Brot in meinem Magen gelandet ist. Meistens zu schnell und zu viel, nur schmeckt halt so ein frisches Brot einfach zu lecker. Anders mag es bei Werken aussehen, die aus haltbareren Materialien geschaffen sind als aus Mehl, Wasser, etwas Salz und einem Triebmittel.

Sie haben ein Holzregal gebaut. Da sind Sie fertig, wenn es endlich aufgebaut in Keller, Küche, Wohnzimmer oder wo auch immer steht. Sie haben gesägt und geschraubt, geleimt und geschliffen und irgendwann haben Sie es zusammengebaut und aufgestellt. Aber ganz ehrlich, sind Sie fertig? Schauen Sie genau hin! Gibt es da nicht die eine oder andere Stelle, die Sie besser noch einmal überarbeiten? Ist das wirklich so sauber geworden, wie Sie wollten? Ist das dort wirklich ein rechter Winkel? Vielleicht würde es gar nicht schaden, einmal noch mit einem feinen Schleifpapier darüberzugehen? Jetzt aber sind sie fertig!

Wirklich?

Um es kurz zu machen, ein Werk ist im Grunde nie fertig. Es geht immer noch besser, noch feiner, noch genauer. Wehe, wenn der Perfektionist in uns von der Leine gelassen wurde. Der findet kein Ende. Da und dort wird er eine Stelle bemäkeln, die nicht passt, hier und da muss nachgebessert werden, und das dort geht schon mal gar nicht! Wie kann man da zu einem Ende kommen? Es ist nicht leicht, das Ende zu finden. Hört man zu früh auf, ist es noch nicht wirklich fertig, hört man zu spät auf, ist es übertrieben gearbeitet und der benötigte Zeitaufwand steht in keinem Verhältnis. Dabei den goldenen Mittelweg zu finden, ist eine wahre Kunst. Vielleicht ist es Typ und Charaktersache, ob man zu früh oder zu spät zu einem Ende kommt. Dies herauszufinden lohnt sich, um Frust vorzubeugen.

Fangen wir mit dem Zufrühen an. Ein Indiz wäre der Ausspruch »Passt schon«. Der Moment, in dem man dies sagt, ergibt sich fast von selbst, er ist beinahe körperlich spürbar. Dieses »Passt schon« heißt, das, was ich gemacht habe, erfüllt die Mindestanforderungen. Es ist ein Brot und das Regal steht. Sind wir deswegen damit zufrieden? Es mag durchaus gewisse Umstände geben, in dem ein »Passt schon« ausreicht. Nur sollte es uns nicht zur Gewohnheit werden. Denn ab diesem Moment beginnt die eigentliche Phase, die zu einem wirklich guten Ergebnis führt. In der Schule würde man diese Arbeit mit einem Ausreichend bewerten. Die nötigste Leistung ist erbracht. Zu mehr allerdings hat es nicht gereicht.

Nun mag der eine oder andere einwenden, dass der Mathe-Vierer ihm mehr als gereicht hat. Darum will ich das Passtschon-Stadium nicht verteufeln. Es hat seine Berechtigung und befriedigt die zweckdienlichen Anforderungen. Wirklich befriedigend, um in der Notensprache zu bleiben, ist es nicht. Von diesem Punkt aus kann man sich nun hinaufarbeiten bis hin zu einer Eins mit Stern. Dabei hilft es, sich dies als graduellen, fließenden Übergang vorzustellen, bei dem es zu jedem Zeitpunkt angemessen wäre, die Arbeit als beendet zu erklären. Das ist ein komfortables Fenster, das uns Spielraum verschafft. Je nach Lust und Laune, nach verfügbarer Zeit und nach Bedarf kann man ein Projekt für beendet erklären. Es liest sich so einfach, fast wie eine Selbstverständlichkeit. Über das Ende eines Werks macht man sich selten wirklich Gedanken. Über das Was und Wie wird dagegen ausgiebig gegrübelt. Dabei gehört ein gutes Ende genauso dazu wie die anderen Aspekte beim Selbermachen. Das Ende bestimmt mit, wie wir auf unsere Arbeit blicken.

Wir Menschen haben ein spezielles Verhältnis zum Ende, um es vorsichtig auszudrücken. Mal sehnen wir es herbei, zum Beispiel, wenn wir auf einem Zahnarztstuhl liegen und den Bohrer hören. Mal wollen wir, dass es nie kommen möge. Zum Beispiel, wenn wir im Urlaub auf der Liege in den blauen Himmel gucken. Das sind die beiden Möglichkeiten, was Enden anbelangt. Das gute Ende findet sich dazwischen. Da sind wir froh, dass es da ist und ein wenig traurig, dass es vorbei ist. Diesen Moment zu erkennen und ihn als Ende zu markieren, gibt uns ein gutes Gefühl.

Allzu oft werden uns von außen Endpunkte gesetzt. Damit kommen wir nicht immer klar. Das fordert uns heraus, und es gilt, das eigene Gefühl des Endes mit dem von außen gegebenen Ende zu verbinden. Jeder kann sich an eine Prüfung erinnern, in der einem am Ende die Zeit ausgegangen ist, obwohl man noch Wissen zu Papier bringen wollte. Dieses frustrierende Gefühl entsteht beim Selbermachen genauso, wenn die eigenen inneren und die fremden äußeren Enden nicht übereinstimmen.

Für manche ist es hingegen gut, wenn ihnen ein Ende gesetzt wird, weil sie sonst zu keinem finden würden. Ihnen erscheint der Zeitpunkt nie geeignet für den Absprung. Sie sehen da noch einen Fehler und dort noch etwas zum Verbessern und schaffen es nicht, »Ende!« zu rufen. Dieser Schritt darf nicht unterschätzt werden. Wie gesagt, nicht alle mögen Enden.

Wir haben Zeit mit unserem Projekt verbracht, haben Ideen, Material und Kreativität hineingesteckt, haben gelitten, uns gefreut und Momente des Frustes und der Zufriedenheit erlebt. Das verbindet uns emotional mit dem Werk. Wie stark und wie bewusst, ist ein anderes Thema. Nur kann diese Verbindung uns daran hindern, ein gutes Ende zu finden. Bei Ende denken wir an Endgültigkeit. Bei manchen Dingen verhält es sich naturgemäß so. Unser Lebensende ist endgültig. Ein durchgeschnittenes Papier, ein abgesägtes Holzbrett, ein durchtrenntes Kabel, da steckt ein großes Maß an Endgültigkeit drin.

Darum finden wir gelegentlich kein Ende, weil wir genau davor Angst haben. Das Werk ist uns vertraut, und wir haben eine gute Bindung dazu aufgebaut und jetzt soll alles vorbei sein? Nicht immer mag das nächste Projekt schon bereitstehen, und wir schrecken vor der Frage zurück, was mache ich als Nächstes? Dann lieber das vertraute Werk ein wenig in die Länge ziehen. Oder wir wollen unbedingt eine Eins mit Sternchen schaffen und verbessern und verbessern, und dann ist es zu spät. Wir haben es verschlimmbessert, weil wir den guten Moment für das Ende nicht gefunden und gefühlt haben. Das Bestreben, es noch besser zu machen, hat uns übers Ziel hinausschießen lassen. Da noch und dort noch, wir werken herum, fügen an, und haben noch diese Idee und jene und dabei wundern wir uns, warum es einfach nicht besser wird. Das sollte uns ein Warnzeichen sein, dass das Ende vielleicht schon vorbei ist. Da gibt es nur eines, sofort alles Werkzeug fallen lassen, tief durchatmen und wegtreten.

Abstand gewinnen, am besten ganz aus der Situation gehen und sich mit etwas anderem ablenken. Unser Werkstück einfach vergessen, um es mit einem frischen Blick neu zusehen.

Wie beurteilen wir es? Ist das Ende schon vorbei oder liegt es noch vor uns? Glauben Sie Ihrem ersten Impuls, und seien Sie ehrlich sich selbst gegenüber. Eine zweite Meinung einzuholen kann nützlich sein. Oder eine dritte. Die können eine Orientierung geben, wann sie »Ende!« rufen können.

An dieser Stelle möchte ich kurz etwas zu Ratschlägen sagen. Die grundsätzliche Frage, wie gehe ich mit ihnen um, ist von vielen Faktoren abhängig, da kann ich nur ganz allgemein zur Besonnenheit raten. Zwischen gut gemeintem und gutem Rat besteht ein schmaler Grat. Das Verhältnis zwischen Ratsuchenden und Ratgebenden beeinflusst den Ratschlag. Verschiedene Interessen mögen interferieren und den Rat beeinflussen. Wir selbst müssen daraus das Brauchbare für uns herausfiltern.

Folgende Punkte gilt es dabei abzuwägen:

- Wie ist die Expertise des Ratgebenden?
- Hat er oder sie bewusste oder unbewusste Interessen an dem Rat?
- Wie ist das Verhältnis zwischen Ratgebendem und Ratnehmendem?
- Wie groß ist das Vertrauen in den Rat?
- Will ich überhaupt Rat annehmen?

Gerade letzter Punkt bedeutet mitunter, über den eigenen Schatten zu springen. Will man nicht springen, sollte man sich die Gründe dafür überlegen. Gut ist es, sich kurz die zentrale Frage durch den Kopf gehen zu lassen: Bin ich beratungsresistent? Die eigene Beratungsresistenz zu erkennen ist eine große Leistung. Erkennt man das Muster nicht, macht man sich das Leben unnötig schwer. Glauben Sie mir, ich weiß wovon ich rede. Mir einen Rat zu erteilen ist nicht leicht, und Hilfe will ich sowieso nicht annehmen. Sie sehen, ich habe noch einiges an Selbsterkenntnis vor mir.

Das Ende zu übersehen kann das Werk genauso ruinieren, wie es zu früh zu finden. Perfektion ist nur ein Kriterium, und nur weil man lange an etwas arbeitet, heißt es nicht, dass es perfekt wird. Diese Eins mit Sternchen besitzt ein sehr kleines Intervall. Die Gefahr, es zu gut zu meinen, ist groß. Wenn wir es darauf anlegen, sollten wir uns rüsten, den Absprung richtig zu erwischen. Nehmen Sie einen dünnen Holzstecken und biegen Sie ihn. Dieser Punkt, kurz bevor er durch den Druck bricht, zu erwischen, ist eine Herausforderung. Nicht jedes Werk muss auf die Spitze getrieben werden. Lernen Sie sich kennen, balancieren Sie das Ende aus und spüren Sie, wann der richtige Zeitpunkt gekommen ist.

Irgendwann werden wir »Ende!« rufen. Umso schöner, wenn es ein gutes Ende gewesen ist. Was wir nun gerne hören würden, ist ein Lob. Jeder freut sich über ein Lob, je ehrlicher es gemeint ist, desto besser. Lob ist eine Form der Liebe. Lob streichelt wie Liebe unsere Seele. Darum ist Lob kraftvoll und wirkt tief in unsere Psyche. Gelobt fühlen wir uns geliebt. Bleibt erwartetes Lob aus, fühlen wir uns zurückgesetzt und nicht geliebt. Daher sollten wir unsere Loberwartungshaltung im Auge haben. Nicht bei jedem Werk müssen wir gelobt werden. Schließlich wollen wir keine Lobhudelei, die schal schmeckt, wenn man sie durchschaut.

Lob ist eine Anerkennung unserer Leistung. Oft ist das Bemerken eines Werkes schon Lob genug. Ein Mensch nimmt bewusst wahr, was der andere getan hat. Oft reicht es als Lob aus, wenn diese Wahrnehmung ausgesprochen wird. Gerade unter sehr verbundenen und vertrauten Menschen kann die gegenseitige Wahrnehmung durch zu große Nähe getrübt werden. Sehen wir einmal die Werke des anderen. Machen wir sie uns bewusst und sprechen dies aus, ist das eine gute Vorstufe des Lobes. Die Mitteilung »Ich sehe deine Werke« fördert ein harmonisches Miteinander.

Fassen wir uns selbst an die Nase und überlegen ehrlich, wann und wen wir das letzte Mal aufrichtig gelobt haben. Na, war es vorhin oder letztes Jahr? Haben Sie eine Atmosphäre des Lobes um sich geschaffen, in der Sie wohlwollend auf die anderen Menschen blicken? Lob ist wie Liebe keine Einbahnstraße. Loben macht uns genauso glücklich wie das Lob zu empfangen. Lob fördert uns, und wir wachsen daran. Gleitet Lob in die inflationäre Beliebigkeit ab, dann wird es schwach und kraftlos. Die Gefahr dafür besteht meiner Erfahrung nach in unserer Gesellschaft nicht wirklich. Wir leben eher lobarm und formulieren lieber unsere Kritik. Daher habe ich an dieser Stelle eine Grundregel für Lob formuliert: Lieber einmal zu viel gelobt als einmal zu wenig.

Bei uns in Berchtesgaden, und vermutlich nicht nur hier, gibt es den Spruch: Nicht geschimpft ist gelobt genug. Nach dieser Logik würden sich in einem Liebesfilm die sich tief in die Augen schauenden Verliebten gegenseitig ein »Ich hasse dich nicht!« ins Ohr raunen. Ich bezweifle, dass wir bei so einer Haltung als Menschen wachsen und gedeihen.

Das überraschend kommende, nicht vorhersehbare Lob von jemandem, von dem man es nicht erwartet hat, ist vielleicht das schönste Lob. Weil die Erwartungshaltung niedrig war und sie trotzdem mehr als erfüllt wurde. Dieses Lob

wirkt lange in uns nach, und gerne erinnern wir uns daran und spüren die Kraft, die von ihm ausging. Darum sollten Sie gleich jetzt damit anfangen und ein unvorhersehbares Lob aussprechen! Sie werden überrascht sein, wie gut sich das anfühlt.

Die andere Seite des Lobes ist die Kritik. Beide schließen sich nicht gegenseitig aus. Kritik ergänzt gegebenenfalls das Lob. Kritik bedeutet, man hat sich mit dem Werk eines anderen auseinandergesetzt und sich darüber Gedanken gemacht. Das ist gut und lobenswert. Kritik sollte etwas Erfreuliches sein, das man genauso gerne bekommt wie ein Lob. Kritik bringt uns weiter, hilft uns, besser zu werden und in Zukunft Fehler zu vermeiden. Daher sollte man Kritik wertschätzen. Im Alltag, ich weiß, hat Kritik nicht den besten Ruf. Der Kritisierende und der Kritisierte begegnen sich oft nicht auf Augenhöhe, und das macht die Kritik zu einem Problemfall. Anders als beim Lob ist bei Kritik schnell ein Punkt erreicht, der schmerzt. Für eine Theorie der idealen Kritik fehlt hier der Platz. Jeder Hand-Werker und jede Hand-Werkerin muss sich mit dem Thema auseinandersetzen und eine innere Haltung zu Kritik entwickeln. Ein erster Schritt könnte darin liegen, die geäußerte Kritik zu analysieren. Dabei sollten die eigenen Gefühle, die durch die Kritik in einem hervorgerufen werden, wohlwollend betrachtet werden. Sich selbst beobachtend bringt man sich und die Kritik in eine Distanz, die es uns erlaubt, damit gut umzugehen. Ansonsten sind wir der Kritik hilflos ausgeliefert, und das kann schmerzhaft und verletzend sein.

Die folgenden Punkte könnten ein Schema vorgeben, um Kritik einzuordnen.

- Was löst die Kritik in mir aus?
- Welchen Inhalt hat die Kritik?
- Wer äußert die Kritik?
- Was kann ich für mich annehmen, und was weise ich zurück?
- Wie reagiere ich auf die Kritik?

Kritik geht gerne ins Eingemachte. Darum ist es wichtig, sich aktiv mit Kritik zu befassen. Nur so können wir davon profitieren. Im Idealfall gehen Lob und Kritik Hand in Hand. Zusammen sind sie ein wahres Power-Duo, von dem wir profitieren können.

DIE SINNE SIND KEINE COUCH-POTATOES!

Beim Werken brauchen wir alle Sinne. Bohrt man in Holz, merkt man als Erstes am verbrannten Geruch, wenn der Bohrer zu stumpf oder der Druck zu hoch war. Wir sehen, ob etwas zusammenpasst, und mit unseren Fingerkuppen können wir kleinste Unebenheiten erspüren. Beim Schmecken wird es etwas schwieriger, nicht jedes Material möchte ich probieren. Beim Kochen geht es ohne gar nicht. Wir hören, wenn zwei Teile ineinander rasten oder wie das Werkzeug auf das Material aufkommt.

Es sind unglaublich viele Informationen, die unser Gehirn gleichzeitig verarbeitet. Unsere Sinne sind Weltmeister im Erstellen von Zustandsberichten. Ganz zu schweigen vom siebten Sinn, der uns sagt, wann der Kuchen im Ofen fertig ist oder der Putz trocken genug, um ihn abzureiben. Hand-Werkende wissen oft intuitiv, wann ihr Eingreifen erforderlich ist. Unsere Sinne laufen im Gehirn zusammen und das kennen wir inzwischen. Das Gehirn arbeitet gerne, und wenn ihm die Sinne die nötigen Informationen liefern, die es braucht, um uns bei der Ausführung des Werkes zu unterstützen, dann freut es sich.

Unsere Sinne geben von außen nach innen ihre Eindrücke weiter. Dabei stelle ich sie mir nicht als Einbahnstraße vor, sondern ich glaube, sie interagieren mit der Welt da draußen. Das dieses Bild eines Tors, durch das die Sinneserfahrungen hinein und hinaus gehen können, passt für mich am besten zu ihnen. Unsere Sinne sind nicht passiv, sondern sie stehen im Austausch mit dem, was um uns herum passiert. Sie sind keine Couch-Potatoes, die faul auf dem Sofa liegen und nur aktiv werden, wenn ein Sinneseindruck vorbeikommt. Ich glaube, damit tun wir ihnen Unrecht. Wir müssen unsere Sinne als aktive Kerlchen denken, die sich freuen, wenn sie sich mit schönen Eindrücken beschäftigen dürfen.

Genau das liegt mitunter in unserer Hand. Unsere Sinne lieben schöne Dinge. Wenn wir ihnen mehr zutrauen, als nur passiv im Ohr, in der Nase, im Auge, auf der Zunge und auf den Fingerspitzen zu sitzen, wird uns unsere Aufgabe bewusster, sie mit angenehmen und anregenden Eindrücken zu versorgen. Hand-Werken ist dabei eine wunderbare Möglichkeit, sie mit neuen Informationen herauszufordern. Langweilt man sie zu lange, werden sie zu tatsächlichen Couch-Potatoes, und erst bei einem gehörigen Eindruck springen sie wieder an. Unsere wichtigsten Instrumente waren stumpf geworden. Auf ihre messerscharfe Analyse können wir uns nicht mehr verlassen. Abgestumpft vergröbern sich unsere Sinne. Darum sollten wir ihnen zwischendurch eine Pause gönnen, um herunterzufahren. Sinne schärfen sollte eigentlich ein Schulfach werden.

Hand-Werk hilft, die Sinne lebendig und interessiert zu halten, sie zu verfeinern und mit ihnen unser Leben zu genießen. Geben wir das Bild von den passiven Sinnen auf, haben wir jene Orte gefunden, an dem aus den Sinnen Sinnhaftigkeit entsteht. Der Sinn bleibt bei den Sinnen haften. Sinnhaftigkeit wertet die Sinneserfahrung auf. Das ist vielleicht der zentrale Aspekt beim Hand-Werk. Sinneserfahrung wird angereichert mit Sinnhaftigkeit, die Sinne und die Sinnhaftigkeit unseres Tuns verbinden sich beim Werken miteinander. Wir sehen die Sinnhaftigkeit im entstehenden Werk. Jeder Handgriff macht Sinn. Dies bewusst zu erleben stärkt uns. Die Erfahrung wirkt in andere Alltagssituationen hinein. Unser Gespür für Sinnvolles und Sinnerfüllendes wird geschärft. In unserem Hand-Werk üben wir uns darin, Sinnhaftigkeit zu erleben. Blicken wir in unseren Alltag, und fragen wir uns ehrlich nach der Sinnhaftigkeit unseres Tuns. Nicht alles wird wirklich sinnvoll sein. Dagegen gewinnt schnell mal unserer Hände Werk. Dieses Tun wirkt in uns und macht uns zufrieden. Es mag uns den einen oder anderen Glücksmoment verschaffen. Vermehrt wirkt es in die Tiefe, aus der eine Zufriedenheit steigt, die lange nachwirkt und die wir als Gefühl immer wieder abrufen können.

Ich habe ein Vogelhäuschen gebaut. Ganz schlicht aus alten Obstkisten. Keine Luxusvilla, dafür mit dem Charme der Einfachheit. Jeden Morgen erfreue ich mich an den pickenden Vögeln. Zudem steigt eine Zufriedenheit mit diesem Häuschen in mir auf. Ich erfreue mich daran, weil dieses ursprüngliche Zufriedenheitsgefühl beim Betrachten mitschwingt. Bei einem gekauften Vogelhaus mag ich ebenfalls zufrieden sein, aber eben mit seinem Kauf und nicht mit seiner Herstellung. Diese Gefühle unterscheiden sich qualitativ. Beide haben ihre Berechtigung und für beides muss Platz im Leben sein.

Inzwischen sind unsere Sinne gereizt und reagieren auf die klarste Veränderung. Hier schlägt der Sinn in Sinnlichkeit um. Hand-Werk hat einen sinnlichen Aspekt. Vor allem haben Materialien eine Sinnlichkeit, genauso das Werkzeug. Ein gedrechselter Schubladenknopf kann sinnlich sein, Metall mit seiner glatten Kühle genauso. Ein Stoff, der den Fingern schmeichelt oder Ton, in den sich unsere Finger bohren. Sinnliches Werken weckt unsere Lust. Die Sinnlichkeit erschöpft sich in sich selbst und ist sich selbst Sinn genug.

Das ist ein spannender Aspekt, habe ich vorher doch die Sinnhaftigkeit des Werkens stark betont. Sinnlichkeit genügt sich selbst, und die Hand-Werkerin und der Hand-Werker wird sie im gegebenen Moment genießen.

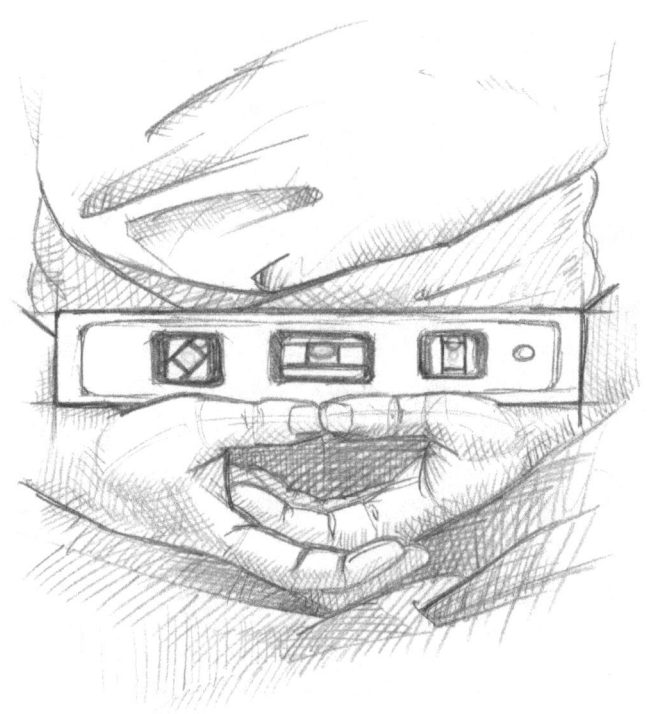

DAS MACHEN IST DER WEG,
DAS GLÜCK IST DAS ZIEL

Wir Menschen sind immer aktiv. In jeder Sekunde bewegen wir uns und machen etwas. Kurz gesagt, wir leben. Aktiv zu sein ist unsere Natur. Daher ist das aktive Tun eine Grundeigenschaft von uns Menschen. Es ist eine Notwendigkeit. Im Hand-Werk verbindet sich das Notwendige mit dem Sinnvollen. Einen Nagel in die Wand zu schlagen, um ein

Bild aufzuhängen, kann sehr befriedigend sein. Wenn der Nagel mit mäßigem Widerstand in das Mauerwerk rutscht, wenn er satt in der Mauer steckt und genau die richtige Länge an Nagel noch herausschaut, um das Bild gut aufzuhängen, ist es perfekt. Das ist ein Moment des Glücks.

Wir nehmen unseren Akkuschrauber, und suchen den richtigen Bit-Einsatz heraus, der satt auf dem Schraubenkopf sitzt, und ziehen die Schraube fest. Dabei haben wir das Drehmoment richtig eingestellt, und der Akkuschrauber hört in genau dem Moment auf, sich zu drehen, in dem die Schraube satt im Material sitzt. Dieses Gefühl zu spüren, dass die Schraube perfekt sitzt, ist befriedigend. Es fühlt sich so an, als hätten wir die Welt dadurch ein kleines Stück besser gemacht. Es fühlt sich richtig an.

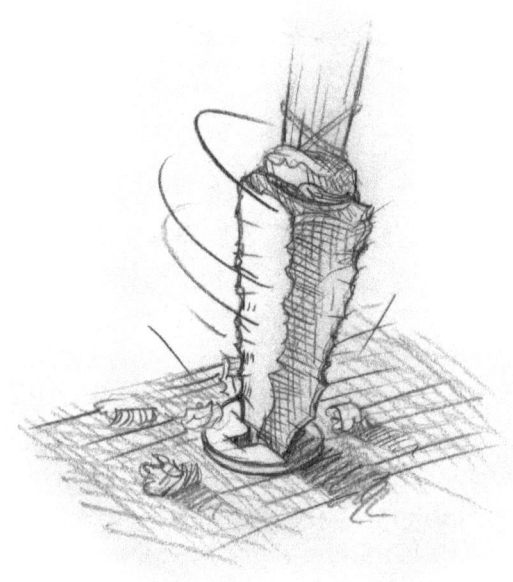

Das ist ein tief reichendes Erlebnis beim Hand-Werk. Die komplizierte, widersprüchliche Welt da draußen wird für diesen Moment für uns zu einer guten Welt. In der für diesen Augenblick alles zusammenpasst. Das lässt uns Vertrauen schöpfen und versöhnt uns, ein ganz klein wenig, mit der Welt. Es verbindet uns mit der Welt, wir schaffen etwas in ihr und fühlen uns im Einklang mit ihr. In meinen Augen liegt darin der Grund, warum uns Hand-Werk glücklich macht.

Das hört sich fast wie die Beschreibung einer Meditation an. Hand-Werk hat eine starke meditative Wirkung. Sich eins fühlen mit der Welt, weil man eine Schraube festgedreht hat, ist ein guter Weg, glücklich zu werden. Die Stärke des Gefühls mag zunächst gering erscheinen. Aus solchen Mikro-Gefühlen entsteht ein kleiner Schwarm an Schmetterlingen, die in unserem Hand-Werkerbauch ein wohliges Gefühl verbreiten.

Wir Menschen haben viele Strategien im Laufe unserer Geschichte entwickelt, wie wir mit der Welt da draußen umgehen können. Sie mit unseren Händen zu begreifen ist einer davon und eventuell sogar der älteste. Der Urzeitmensch war damals genauso zufrieden, wenn sein Faustkeil gut geworden war, wie wir mit unserer Schraube. Es gibt uns ein Gefühl von Kontrolle über die Welt, von Sicherheit, und die brauchen wir, um uns entspannen zu können. Unkontrollierbare Situationen stressen uns, durch Hand-Werk reduzieren wir den negativen Stress. Die tätige Hand beruhigt Kopf und Herz. Die Sinnhaftigkeit unseres Tuns in einer Welt, die oft genug sinnentleert und unsinnig erscheinen mag, gibt uns Rückendeckung für den Alltag. Daraus ziehen wir Kraft und versichern uns unserer selbst in der Welt. Hand-Werk ist unser sicherer Hafen, in den wir jederzeit einlaufen können.

Weiter oben sprach ich von Bits und Drehmoment. Ich selbst habe lange nicht gewusst, welch wichtige Rolle es beim Schrauben spielt, den richtigen Biteinsatz zu verwenden. Das sind die kleinen Metalleinsätze, die idealerweise perfekt in den Schraubenkopf passen. Glauben Sie mir, ich spreche aus Erfahrung. Investieren Sie die Zeit, den richtigen Bit-Einsatz auszutesten. Ansonsten besteht die Gefahr, gerade wenn er zu klein gewählt wird, dass er die Schraube nicht richtig hineindreht, den Kopf ausfräst, und am Ende stehen Sie frustriert mit einer halb hereingedrehten Schraube da, die sich weder hinein noch herausdrehen lässt, weil der Einsatz einfach durchdreht. Für diese Lektion habe ich lange gebraucht. Meine Ach-das-passt-schon-Methode hat mir viele schmerzliche Fehlschläge bereitet. Nach einer beratungsresistenten Periode habe ich mich ein wenig mit dem Thema Bit auseinandergesetzt, und schon schraubte sich alles gleich viel besser. Manchmal wäre es gut, wenn ich meine eigenen Ratschläge besser befolgen würde. Wir lernen nie aus. Das Hand-Werk ermöglicht uns lebenslanges Lernen.

Ganz ähnlich verhielt es sich beim Drehmoment. Mein neuer Akkuschrauber war damit ausgerüstet. Und ich, keine Ahnung was das sollte, beachtete die Einstellung nicht weiter. Mit meinem üblichen und gewohnheitsmäßigen Alle-Regler-nach-rechts-Motto donnerte ich jede Schraube mit vollem Karacho hinein. Bis ich mal den Abschnitt über die Drehmomenteinstellung in der Gebrauchsanweisung durchgelesen hatte und danach eines der größten Aha-Erlebnisse meines Hand-Werkerlebens erleben durfte. Man kann den Akkubohrer so einstellen, dass nicht jede Schraube tief im Material verschwindet, sondern satt und fest sitzt, ohne dass es splittert oder bricht. Diese Erkenntnis fühlte sich an, als hätte ich einen neuen Kontinent in der Schraubenwelt für mich entdeckt. Dem einen mag das bekannt sein, dem anderen nicht. Und was wissen Sie nicht? Finden Sie es heraus, und betreten Sie Neuland!

Mir fällt gerade auf, dass ich in diesem Kapitel erstaunlich oft das Wort »satt« verwendet habe. Es ist eine wunderbar präzise Beschreibung für viele Vorgänge im Hand-Werk. Wie viel Leim soll ich auftragen, wie stark soll ich auf etwas schlagen und wie viel Farbe verwenden? Satt!

Grundsätzlich gibt es drei Mengenangaben:

- sparsam
- satt
- Gib-ihm!

Damit kommt man als Hand-Werkerin und Hand-Werker bei den meisten Anwendungen gut durch. Am Beispiel des Leimauftrags lässt sich das gut verdeutlichen. Sparsam, da kratzt man den Leim eher auf. Satt heißt, alles ist voller Leim, der nicht herausquillt und ein zart-schmatzendes Geräusch von sich gibt, wenn man die beiden Teile zusammenfügt. Gib-ihm! bedeutet Gib-ihm! Mehr ist dazu nicht zu sagen, es erklärt sich von selbst. »Volle Kanne drauf« kann man es genauso nennen. In den meisten Fällen wird man satt anwenden. Beim Essen ist es meistens gut, wenn man danach satt ist. Manches sollte man sparsam essen, und ab und zu heißt es Gib-ihm! Bei Mutters Kartoffelsalat zum Beispiel, aber das ist ein anderes Thema.

Machend kommen wir durchs Leben. Das bedeutet, das, was wir machen, hat einen Einfluss darauf, wie wir durchs Leben kommen. Nicht alles Machen, das unser Leben uns abverlangt, können wir beeinflussen. An jenen Punkten, wo wir das können, sollten wir es ausnützen und das Hand-Werken neben allem praktischen Nutzen als eine Möglich-keit der Lebensführung sehen. Im Machen gehen wir unse-ren Weg und werden dabei kleine und große Glücksmomente erleben. Ich will nicht gleich vom Lebenswerk sprechen, das klingt so überwältigend. Es sind die vielen verschiedenen Lebens-Werke, die wir schaffen, die sich zu einem geglück-ten Leben verbinden.

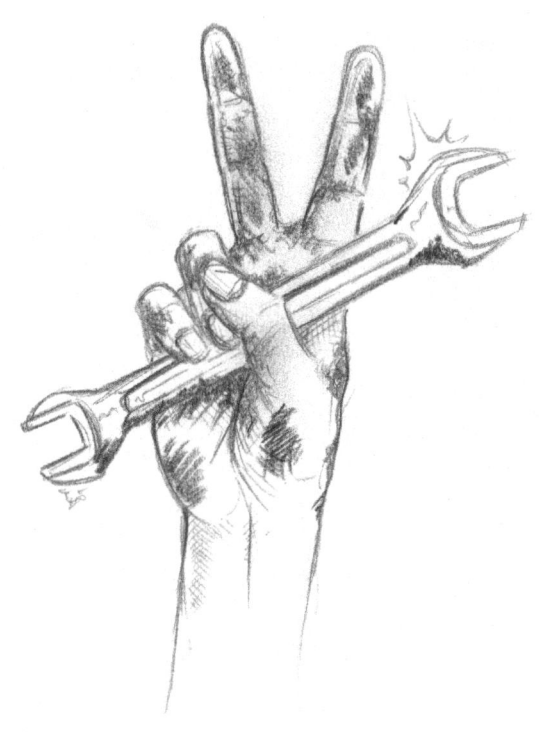

REVOLUTION MIT DEN HÄNDEN

Die Welt ist ein Dorf geworden. Nur keines mit einer sich gemütlich dahinwindenden Dorfstraße, vorbei am Bäcker, am Schuster und am kleinen Kramerladen, in dem man alles Nötige, das man zum Leben braucht, bekommt. Die Welt ist ein Dorf, nur hat es keinen Platz in der Mitte, auf dem eine große Buche steht, unter der man in aller Ruhe sitzen kann, um mit den Vorübergehenden einen Plausch zu halten.

Das globale Dorf ist eine Datenautobahn, die sich durch unser Leben frisst wie ein Bulldozer durch eine grüne Wiese. Informationen sind zur neuen Währung geworden, Algorithmen geben den Takt vor zu einem Tanz, dessen Schritte wir nicht verstehen. Wir lassen uns bereitwillig zum Reigen um das Goldene Kalb führen, das da heißt Digitalisierung und Human-Ressource-Optimierung. Wir Menschen werden zur Ware, die meistbietend an die großen Konzerne verkauft wird. Mit Zuckerln lockt man uns, damit wir in die Falle gehen, die von den Datenkraken ausgelegt wurden.

An die Datenautobahnen haben sich die Warenströme gehängt. Aus der Massenproduktion wurde die Megaproduktion. Es wird mehr hergestellt als benötigt, als jemals tatsächlich verbraucht werden kann. Produziert wird dort, wo es am billigsten ist, wo Auflagen Mensch und Umwelt betreffend am geringsten sind, wo am leichtesten Abhängigkeiten geschaffen werden können. Der Überschuss an produzierter Ware wird entsorgt und schwimmt jetzt im Meer oder vergiftet ganze Landstriche. Die Herstellung dieser Waren hat Energie gekostet und Ressourcen vernichtet, und ihre Entsorgung braucht wieder Energie und vernichtet zum zweiten Mal Ressourcen. Trotzdem geht die Rechnung für die Produzenten auf, denn sie müssen für die Schäden an Mensch und Umwelt nicht aufkommen. Dabei geht es nicht einmal um die Ware selbst. Die ist austauschbar und hat nur symbolischen Charakter. Der moderne Mensch kauft nicht, um etwas zu besitzen, weil er es braucht. Das war Jahrhunderte vorher hindurch der Normalfall. Die Dinge hatten eine tatsächliche Funktion, die sie so lange wie möglich erfüllen sollten. Zudem waren sie aus Materialien, die haltbar waren, sodass sie wenn nötig repariert werden konnten.

Heute kaufen wir Geschichten, die hinter den Waren stecken. Die Waren werden durch die Werbung und das Image einer Firma mit Bedeutung aufgeladen, mit der wir hoffen, unser Leben aufzuwerten. Wir kaufen das Versprechen, glücklich, schön, cool, gesund oder modisch zu werden. Wir müssen nur dieses bestimmte Ding besitzen, dann werden wir zu einem glücklichen Menschen. Dass diese Versprechen leer sind und nicht eingehalten werden, müssten wir eigentlich aus Erfahrung wissen. Trotzdem versuchen wir es immer wieder, weil wir glauben, irgendwann muss es doch klappen mit dem gekauften Glück. Die Hoffnung stirbt zuletzt, und das macht sich die Industrie zunutze.

Wir Menschen hoffen, der nächste Kauf wird unser Leben, wenn nicht verändern, dann wenigstens besser machen. Die kurzfristige Befriedigung des Kaufens hält nicht lange an. Das haben Suchtstoffe so an sich. Die Botschaft der Ware wird zur eigentlichen Ware und nicht die Ware selbst. Als Kinder der Konsumgesellschaft haben wir es nicht anders gelernt. Das bedeutet nicht, dass es die richtige Einstellung ist. Wir alle kennen dieses Unbehagen, das Konsum auslösen kann, wir spüren, dass es irgendwie nicht richtig ist, und trotzdem glauben wir immer noch daran.

Durch das Selbermachen mit unseren Händen erfahren wir uns ganz anders in der Welt. Dabei ist es egal, mit welchem Material wir unsere Hände beschäftigen. Es ist das Zusammenspiel von Kopf und Hand, das Erleben, das durch unserer Hände Arbeit ein Ganzes entsteht, das uns glücklich macht. Was wir selbst machen, dringt von uns hinaus in unsere Umwelt. Wir sind Teil der Gesellschaft, die durch unser Tun beeinflusst wird. Mit unseren Händen etwas machen heißt, sich für einen Moment dem Konsum zu entziehen.

Wir halten den Kreislauf aus Kaufen und Konsumieren und wieder Kaufen und Konsumieren an. Diesen Moment erlebt man als befreiend. Kaufen ist für so viele Menschen zur Grundhaltung geworden, dass es sich für sie fast fremd anfühlt, auf jeden Fall ungewohnt, Dinge nicht zu kaufen, sondern selbst tätig zu werden. Unsere moderne arbeitsteilige Gesellschaft ist nicht darauf ausgelegt, nicht zu konsumieren.

An das Selbermachen muss man sich erst gewöhnen. Der Zeitaufwand ist größer, als nur auf ein Warenkorbsymbol zu klicken, und es verlangt überlegtes Vorgehen. Das verlangsamt unser Leben und bringt mehr Tiefe hinein. Auf einmal sehen wir unser bisheriges Konsumverhalten mit anderen Augen. Anstatt fremdbestimmt erfahren wir uns selbstbestimmt, unser Leben kommt ganz nah an uns heran. Unsere

Hände spielen den Vermittler zwischen der Welt und unserem Ich. Sie geben uns eine neue Haltung, richten uns auf und steigern unser Vertrauen in unsere Fähigkeiten. Das gibt uns Sicherheit, die in uns selbst gründet, da wir unsere Möglichkeiten neu und besser einschätzen können. Unsere Verbindung zur Umwelt wird stärker, da wir sie begreifen, im wahrsten Sinne des Wortes. Unsere Kompetenz auf persönlicher und menschlicher Seite wächst, da wir uns als Ganzes erleben und nicht als Mensch, der nur als Anspruchserfüller gesehen wird. Selbstbestimmung zu erfahren befreit, selbst im kleinen Bereich des Handwerklichen, das ich Zuhause machen kann.

Der Effekt wird größer, je mehr ich selber mache. *Kann ich das selber machen?* wird zur Devise und ersetzt das übliche *Kann ich mir das kaufen?*. Konsumwahn wird abgelöst durch sinnvolles Gestalten. Dabei lernen wir den Prozess vom Ausgangsmaterial bis hin zum fertigen Produkt kennen. Dieser Zusammenhang ist uns verloren gegangen. Beim Kaufen werden wir des Produktionsprozesses nicht gewahr. Es ist, als würden sich die Waren in den Regalen der Geschäfte materialisieren. Der tatsächliche Entstehungszusammenhang soll verschleiert werden, da er nicht unseren durch die Werbung geprägten Vorstellungen entspricht. Fast kindlich naiv halten wir am Glauben an archaische Herstellungsformen fest. Wir wollen weiter in einer Bilderbuchwelt leben, in der die Waren auf idyllischem Weg hergestellt werden. Italienische Köche formen mit der Hand Pizzateig und belegen ihn unter dem Absingen italienischer Opern. Dass eine Tiefkühlpizza weit weniger romantisch hergestellt wird, wollen wir nicht so genau wissen. Wir bevorzugen die Illusion, die uns eine nicht existierende Idylle vorgaukelt. Mit den

Händen zu arbeiten heißt, den Vorhang der Täuschung zu zerreißen. Denn wenn ich selbst Pizza backe, kann ich dabei wirklich Arien schmettern.

Unsere Hände lehren uns, den Zusammenhang zwischen Produktion und Produkt bewusst herzustellen und ihn zu hinterfragen. Wir fangen an, Waren kritischer zu betrachten als bisher, da wir sie nach Kriterien beurteilen, die wir beim Machen mit unseren Händen erfahren und gelernt haben. Unsere Qualitätsstandards verändern sich durch die praktischen Erfahrungen, und damit verändern sich auch unsere Ansprüche. Zum Beispiel kann das verarbeitete Material für uns an Bedeutung gewinnen, ebenso Form und Aussehen. Unser geschmacklich geschultes Auge lässt sich nicht mehr so leicht täuschen.

Der Hand-Werker und die Hand-Werkerin sind kritische Konsumenten. Sie erliegen den Versprechungen der Industrie nicht mehr so leicht, denn sie haben erfahren, wie bereichernd das langsame Tun im Gegensatz zum schnellen Kaufen ist. Das macht sie zu stillen Revoluzzern. Unserer auf stetigen Konsum aufbauenden Gesellschaft stellen die Hand-Werker und Hand-Werkerinnen ein anderes Gesellschaftsbild entgegen. Immer da, wo die Produktion selbst in die Hand genommen wird, steigen Selbstständigkeit und Unabhängigkeit. Alternativen werden lebbar jenseits des geforderten Wirtschaftswachstums als angeblich einziges gesellschaftliches Ziel.

Darin liegt ein großes Potenzial, Zukunft neu zu gestalten. Es gibt viele Hinweise, dass immer mehr Menschen durch das eigene Schaffen mehr Kreativität in ihr Leben und damit in die Gesellschaft bringen. Mithilfe der modernen Medien vernetzen sie sich und unterstützen sich allein dadurch, dass man erkennt, kein Einzelkämpfer zu sein. Hier bieten die digitalen Medien Vorteile, die klug genutzt werden sollten. Austausch, Bestärkung sowie Hilfe werden dadurch möglich. Gerade Verbindungen auf lokaler Ebene sollten genutzt werden. Viele Volkshochschulen bieten ein breites Programm an, das einen befähigt, mit den eigenen Händen Neues zu gestalten. Ich selbst habe einen Einsteigernähkurs in der Volkshochschule besucht und viel davon profitiert. Von einer erfahrenen Schneiderin habe ich wertvolle Tipps und vor allem Tricks gelernt, die ich sofort in meine Näharbeiten integrieren konnte. An den Fragen der anderen, auch an ihren Fehlern, kann man als Teilnehmer oder Teilnehmerin lernen. Wunderbare Möglichkeiten des Lernens und Wachsens.

Selbermachen hat allerdings einen gravierenden Nachteil. Sie werden ein Gefühl für Qualität entwickeln, das Sie zwingt, von billig produzierter Massenwaren Abstand zu nehmen. *Kann ich das nicht selber besser machen?* werden Sie sich fragen. Aus welchem Material würde ich es machen, wie würde ich es gestalten und welches Gefühl hätte ich dann dem Produkt gegenüber? Wetten, dass Sie Dinge nicht kaufen werden, weil Sie jetzt schon wissen, dass sie Ihnen nie dieselbe Freude bereiten können wie etwas selbst Gemachtes? Minderwertige Waren mit schlechter Energiebilanz, hohem Grad an Umweltverschmutzung und geringer Nachhaltigkeit verlieren schnell ihren Reiz. Mit der Zeit entwickeln wir ein Gefühl für das Material, zeigen Empathie für die Dinge und wollen mit schlecht hergestellten Produkten nichts mehr zu tun haben. Selbermachen oder Verzicht ist eine mögliche Devise, die sich aus dieser Haltung ergibt.

Durch das Hand-Werk bekommen wir eine neue Orientierung in unser Leben. Maßstäbe verschieben sich, da wir sie beim Arbeiten und Werken aktiv erleben. Qualität wird zu einem spürbaren Kriterium und nicht zu einer leeren Worthülse aus dem Repertoire irgendeiner Werbeagentur. Eine dieser Worthülsen lautet *Individualität*. Ein Massenprodukt kann nie individuell sein. Trotzdem versucht die Industrie, uns genau das zu verkaufen. Denn sie hat erkannt, dass wir Menschen uns in der anonymen Industriegesellschaft nach etwas eigenem sehnen. Dieses Gefühl versucht man durch Vorspiegelung von individuellen Lösungen zu befriedigen. Doch am Ende des Tages bleibt es ein Massenprodukt, das uns die Illusion von Einzigartigkeit teuer verkauft. Stellen wir Dinge selbst her, fließt unsere Persönlichkeit mit hinein. Mehr Individualität ist nicht möglich. Wir wachsen dabei an uns selbst und produzieren dort, wo es ganz natürlich ist – in unserem Leben.

Nichts ist so regional wie etwas, das bei uns zu Hause entsteht. Keine langen Transportwege sind nötig, unsere Produkte müssen nicht um die ganze Welt transportiert werden, sondern höchstens vom Arbeitszimmer ins Wohnzimmer. In Zukunft, wenn Klimaschutz ernst genommen wird, müssen wir vor Ort produzieren, in kleinen Einheiten. Regionale Nahversorgung bei den Lebensmitteln und bei den Produkten unseres Lebens kann der Schlüssel für mehr Nachhaltigkeit sein und einen wesentlichen Beitrag zum Klimaschutz leisten. Das Selbermachen wird eine wichtige Rolle spielen – die Zukunft ist handgemacht!

Selbstgemachtes hat eine größere Haltbarkeit nicht nur aufgrund seiner Qualität, sondern weil es emotional viel aufgeladener ist als Gekauftes. Längere Nutzung ist aber nicht im Sinne der Industrie, die möglichst viel möglichst schnell an den Konsumenten bringen möchte. Das Hand-Werken wird unter diesem Gesichtspunkt zur stillen Revolution, da es ganz und gar nicht im Sinne unserer auf Wirtschaftswachstum ausgelegten Gesellschaft ist, wenn die Bürger anfangen, selbst etwas herzustellen. Das kann dann durchaus dazu führen, dass diese Bürger anfangen, nicht nur selbst etwas zu fertigen, sondern auch selbst zu denken und fertigen Meinungen genauso kritisch gegenüber zu stehen wie Fertigprodukten. Da der Kopf nicht nur mit den Händen, sondern die Hände auch mit dem Kopf verbunden sind, hat das Werken mit unseren Händen Einfluss auf unser Denken. Die Verbindung geht in beide Richtungen, und das fördert unser Gehirn.

Genauso verhält es sich mit unserer Kreativität. Die steht nicht nur am Anfang der Arbeit, sondern wird durch das Machen positiv beeinflusst. Sie wächst und geht in die Breite der Möglichkeiten. Wie weit jeder Einzelne bei diesem Prozess gehen möchte, entscheidet jeder selbst. Nur zeigt die Erfahrung, wer einmal damit angefangen hat, ist gerne bereit, tiefer einzusteigen und seine Fähigkeiten zu erweitern. Das Gefühl des eigenen Tuns ist einfach zu gut. Wer auf diese Weise Selbstbestimmung erlebt hat, wird diese Form von Unabhängigkeit auch in anderen Lebensbereichern einfordern.

Sinnvolles Tun steht gegen sinnentleertes Kaufen, das Machen steht gegen das bloße Besitzen. Das ist eine gesunde egoistische Einstellung. Hier geht es um mein ganz persönliches Glück und nicht um die Rendite eines Unternehmens. Diese benutzen uns Konsumenten, um ihren Gewinn zu maximieren, in dem sie uns vorspiegeln, wenn wir nur dies und das besitzen würden, dann wären wir glücklich. Holen Sie sich ein Stück Autonomie zurück, seien Sie egoistisch und denken Sie an sich und nicht an irgendwelche Konzerne und ihren *shareholder value.*

Je mehr Menschen sich stückweise aus diesem Kreislauf herausnehmen, desto größer wird der gesellschaftliche Effekt sein. Wer sich für sich und seine Hände entscheidet, verändert die Welt. Ein Hand-Werker und eine Hand-Werkerin werden zum inspirierenden Vorbild für andere. Denn jeder kann miterleben, dass sich das Leben ändert, wenn man es sprichwörtlich in die eigenen Hände nimmt. Zuerst finden die Verbesserungen in uns selbst statt. Größere Zufriedenheit, mehr Selbstvertrauen und Bereicherung des Alltags erleben wir unmittelbar als positive Effekte. Das strahlen wir nach außen auf unsere Mitmenschen aus, und es zieht von dort seine Kreise. Veränderung kann nur geschehen, wenn wir uns verändern. Mit den Händen ist das ganz einfach, darin liegt die große Kraft. Kein Theoretisieren, kein kompliziertes Diskutieren, sondern ein handfestes Machen ist der Ausgangspunkt.

Besonders wichtig ist die Vorbildfunktion, die wir für unsere Kinder bekommen. Sie erleben ganz natürlich, wie viel man mit seinen Händen herstellen kann. Das wird für sie zur Selbstverständlichkeit, die sie ganz unangestrengt aufnehmen. Durch das Vorleben passiert Erziehung, und das Arbeiten mit den Händen wird für sie zum Teil des Lebensvollzuges. Darin liegt eine wunderbare Chance, das Bewusstsein der nachfolgenden Generation positiv zu beeinflussen. Dieses Bewusstsein wird ihnen helfen, die Zukunft gut zu gestalten.

Mit der Nachkriegsgeneration und dem Wirtschaftswunder setzte sich das Konsumkarussell in Gang, das sich bis heute schneller und schneller dreht. Wir alle wissen, dass es inzwischen eine so gefährliche Fahrt aufgenommen hat, dass wir Menschen drohen, herausgeschleudert zu werden. Ein immer Mehr an Konsum wird unsere Erde nicht verkraften. Ein Umdenken ist dringend erforderlich, und wir können heute unseren Kindern vorleben, wie ihre Zukunft besser gestaltet werden kann. Sie lernen Alternativen kennen, und ihnen werden Möglichkeiten aufgezeigt, ohne dass wir dabei mit erhobenem Zeigefinger daherkommen, eben deshalb, weil das Machen in unseren Alltag eingebettet ist. Wer Kopf und Hand verbindet, stärkt seine Kompetenzen.

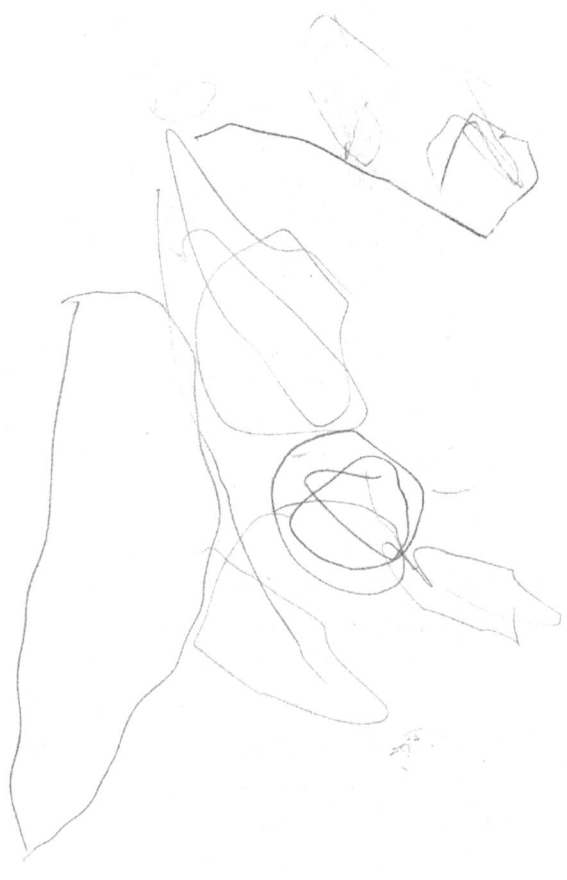

Kinder lieben es, mit ihren Händen zu werken, und sie sind für verschiedene Materialien leicht zu begeistern. Leider bieten wir ihnen oft viel zu wenig Möglichkeiten dafür. In den Schulen liegt ein großes Gewicht auf theoretischem Wissen und passiver Ausbildung. Die müsste durch handwerklich-kreatives Wissen ergänzt werden. Denn nur im Zusammenspiel zwischen diesen beiden erlernen die Kinder jene Kompetenzen, die sie brauchen, um die Probleme zu lösen, die auf sie zukommen werden. Die digitale Revolution braucht den mit seinen Händen gestaltenden Menschen, denn Computer können schnell rechnen, aber wahre Kreativität haben sie nicht. Das ist unsere menschliche Kernkompetenz, mit der wir Lösungen finden und die Welt verbessern können. Schulische Bildung fördert das Lösen von Einzelproblemen. Handwerkliches Arbeiten fördert den Blick auf das Ganze. Die einzelnen Herstellungsschritte müssen überlegt werden, und dabei ist planvolles Vorgehen notwendig, um am Ende ein Ganzes in den Händen zu halten. Das gesamte Projekt rückt in den Fokus und nicht nur einzelne Aspekte. In unserer arbeitsteiligen, unübersichtlichen Welt fördert das handwerkliche Arbeiten die Fähigkeit, in größeren Zusammenhängen zu denken. Etwas, was wir unbedingt für unsere Zukunft brauchen.

Uns Erwachsenen gibt das Arbeiten mit unseren Händen das Gefühl von Kontrolle in der modernen und unübersichtlichen Welt. Das Entstehen schrittweise mitzuerleben und mitzugestalten schafft ruhige Bezugspunkte in einer hektischen Welt. Die Entschleunigung, die ganz automatisch entsteht, tut uns gut. Wir nehmen uns in diesem Moment ein Stück aus dem Alltag heraus und aus den Ansprüchen, die an uns gestellt werden. Das sinnhafte Tun, das wir erleben, strahlt auf alle unsere anderen Tätigkeiten aus. Sie werden an diesem Maßstab gemessen und überprüft. Der neue Blickwinkel auf unser Leben leuchtet deutlicher die eventuell bestehenden Schattenseiten aus, sei es am Arbeitsplatz oder in der Freizeit. Unser Anspruch an beglückende Sinnhaftigkeit wird größer.

Unsere Freizeitgestaltung ist davon genauso betroffen. Sie muss sich messen lassen an dem Spaß und der Freude, die wir mit dem Hand-Werk haben. Konsum als Freizeitgestaltung wird uns schnell unsinnig vorkommen. Vieles sieht plötzlich wie bezahlte Ablenkung aus der Retorte aus, die schal schmeckt und uns unbefriedigt zurücklässt. Mit seinen Händen etwas gestalten ist mehr als nur ein Hobby, es ist eine Lebenseinstellung, die sich auf vieles überträgt. Freizeit wird so zu echter Lebenszeit. Also aufgepasst, Hand-Werk kann ungeahnte Nebenwirkungen haben – für Sie und für die Gesellschaft.

DIE NÄCHSTE IDEE IST DIE BESTE –
ODER NUR DIE ERSTBESTE?

Wir sind mit einem Werk fertig, haben zum richtigen Zeitpunkt »Ende!« gerufen und nun genießen wir unser Werk.
Vielleicht trudelt noch das eine oder andere Lob ein, perfekt!
Schauen wir einmal genauer in unseren Kopf. Hockt da
nicht zwischen den Hirnwindungen und den Synapsen eine
kleine, schüchterne Idee? Wollen wir sie herauslocken, sie

anfüttern mit Möglichkeiten, Variationen, zu erwartendem Lob? Versprechen wir ihr ein paar Stücke vom Glück, wenn sie sich zu erkennen gibt. Meist kommt die nächste Idee, wenn wir mit unserem eigentlichen Werk noch beschäftigt sind. Unser Gehirn denkt sich den ganzen lieben Tag und erst recht in der Nacht die tollsten Sachen aus. Meistens merken wir es gar nicht. Unser Gehirn ist nämlich verdammt gut darin, uns glauben zu machen, wir wären Herr oder Herrin in unserem eigenen Kopf. Weit gefehlt! Unser Kopf hat einen ganz eigenen, und das ist toll. Denn deswegen schaffen wir es, uns selbst mit der nächsten Idee zu überraschen, und die übernächste wird gleich mitgeliefert.

Eher ist die Frage zu beantworten, welche der Ideen wird die nächste? Entscheidet die Lust, die Vernunft oder wählen wir jene, die uns die größte Befriedigung verspricht? Egal, wie Sie sich entscheiden, tun sie es bewusst, dann haben sie in Momenten des Zweifelns ein Gegenargument in der Hinterhand und im Hinterkopf. Vor sich selbst eine Rechtfertigung zu haben, schadet nicht.

Was ist, wenn der Kopf ideenlos ist, keine uns als passend erscheint und uns die rechte Lust fehlt? Dann ist es Zeit für ein heißes Date mit den Musen. Flirten Sie mit ihnen, und fordern Sie sie zum Musentango auf. Die tätige Hand wird, wir haben es inzwischen erfahren, von der Muse bevorzugt. Starten Sie spielerisch in die Ideenfindung.

Der erste Impuls ist ein zweischneidiger. Oft genug ist er richtig, gerade wenn er dazu dient, Bekanntes zu lösen. Bei Neuem und neuen Fragen scheitert der erste Impuls oft genug, da wir in gewohnten Denkmustern gefangen sind. Die nächste Idee, die eine neue sein soll, werden wir auf diese Weise nicht finden. Der erste Impuls zielt in die Vergangenheit,

Erlerntes und Erfahrenes wird zurate gezogen, aus dem heraus der erste Impuls entsteht. In vielen Situationen zahlt es sich aus, darauf zu hören. Wer weiß, vielleicht können wir diese Idee noch einmal gut gebrauchen.

Wäre es nicht schön, etwas Abwechslung in unsere Werke zu bringen und das nächste Werk zu einem ganz besonderen zu machen? Selbst auf die Gefahr hin, zu scheitern? Das Werk, das wir in unseren Händen halten, macht uns glücklich. Die nächste Idee ist ein Glücksversprechen, das uns lockt, weil Herausforderungen potenziell einen großen Glücksfaktor besitzen. Diese Vorfreude im Kopf, wenn die nächste Idee sich formt, ist herrlich. Das liefert uns Energie, sie in die Tat umzusetzen. Wir dürfen ruhig unserem Gehirn vertrauen. Es freut sich mit uns, wenn aus einer kleinen Idee die nächste große Sache entsteht.

Eines sollten wir im Hinterkopf behalten. Das ist ein Punkt, an dem ich persönlich zu knabbern habe, und ich bin noch weit davon entfernt, ihn geklärt zu haben. Es gibt nur eine begrenzte Anzahl an nächsten Projekten. Unser Leben ist nun mal endlich, und unvorhergesehene Einschränkungen können uns begrenzen. Für mich erhöht es den Druck, das richtige nächste Projekt in Angriff zu nehmen. Jenes, das verspricht, am besten zu performen, wie man heutzutage sagt. Damit drücke ich aus, dass hier ein Leistungsgedanke hineinspielt, den man besser hinterfragt. Hand-Werk ist so vielfältig, dass Effektivität und Performance nur einen Aspekt bilden. Und manchmal haben wir gar keine Wahl, dann beschert uns das Leben das nächste Projekt. Beim Schreiben dieser Zeilen habe ich aus dem Fenster gesehen und festgestellt, dass eine Rosenrankhilfe aus Haselnussstecken den Winter nicht überlebt hat. Damit steht mein nächstes Werk fest. Ganz ehrlich, manchmal ist es gut, wenn einem die Entscheidungen abgenommen werden.

MACHEN, JETZT!

Wir haben keine Zeit zu verlieren. Unser Leben findet jetzt statt, nicht gestern, nicht morgen. Wenn wir glücklich sein wollen, dann müssen wir es in diesem Augenblick sein, und wir müssen uns selbst glücklich machen, dies kann uns keiner abnehmen. Ein guter Weg dafür ist das Arbeiten mit unseren Händen. Etwas zu erschaffen, in dem wir unsere Ideen in die Realität umsetzen, das macht uns glücklich. Warum also darauf warten? Warum es auf morgen, übermorgen oder auf eine Zeit verschieben, in der wir hoffen, mehr Zeit zu haben? Damit belügen wir uns nur selbst.

Wir haben die Zeit, die Möglichkeit und das Material. Unser Gehirn versorgt uns mit Ideen, unsere Hände wollen tätig werden. Beste Voraussetzungen, um sofort loszulegen.

Unsere moderne Welt hat uns Menschen so vieles möglich gemacht, von dem die Generationen vor uns nur geträumt haben. Die technische und digitale Entwicklung ist enorm. Nur, haben wir als Menschen mithalten können? Mit unseren Händen zu arbeiten hilft uns, einen Anker in der Welt auszuwerfen, der uns hält und Verbindung zum eigentlichen Grund unseres Seins liefert. In der virtuellen Realität kann man die tollsten Sachen schaffen, doch am Ende gewinnt ein Klumpen Ton, den wir mit unseren Händen zu formen beginnen. Oft begrenzen wir unsere Sinne heute auf den Sehsinn. Wir berühren öfter einen Touchscreen als andere Materialien. Unsere Sinne verarmen. Doch die Welt hat so viel mehr Erfahrungen zu bieten. Dafür müssen wir nicht verreisen, teure Seminare besuchen oder von einem Coach gesagt bekommen, was wir fühlen sollen.

Fangen wir da an, wo wir gerade sind. Hier, heute, jetzt sofort!

Material gibt es zuhauf. Wir benötigen nicht viel, wir haben alles, was wir brauchen, in unserem Leben. Wer etwas anderes behauptet, sucht nur Ausflüchte, um nichts zu tun. Mut erfordert es, eine Portion Selbstdisziplin und das Vertrauen auf die eigene Kreativität. Manchmal stehen uns die eigenen Ansprüche im Weg. Damit müssen wir sowieso im Leben lernen umzugehen. Im Hand-Werk können wir das spielerisch ausloten und Erfahrungen sammeln. Es ist eine

Spielwiese, auf der wir mit uns selbst und unserem Geist, unserem Körper, zu dem unsere Hände auf jeden Fall gehören, und unserer Seele im Austausch stehen. Daran können wir reifen und wachsen.

Im Hand-Werk treffen wir auf das Leben selbst. Deswegen hat es einen so starken Einfluss auf uns.

Wir fangen an, unsere Lebensgeschichte mit den Händen zu erzählen. Unser Leben gewinnt dabei an Bedeutung, denn wir erfahren uns als sinnvolles Ganzes. Das ist vielleicht die tiefste Form des Glücks, zu dem wir fähig sind.

Christoph Merker, geboren 1969 in Niederbayern, besuchte die Berufsfachschule für Holzbildhauerei und Schreinerei in Berchtesgaden. Der Liebe sowie der Landschaft wegen blieb er dort und studierte in Salzburg Philosophie und Kunstgeschichte. Heute lebt er als Autor und Künstler in der Schönau am Königssee. *Ein Mann, ein Werk* ist sein erstes Sachbuch.